佐藤 久直

戦後日本の文化闘争

東京図書出版

戦後日本の文化闘争 ❖ 目次

序　章　異文化の侵入

日本の文化は人情文化である。人の情とは喜怒哀楽などの感情だが、善や美に関しては同情や同感を意味することが多い。朱子学は人間の心を理と情に分けたが、日本人の心には理はほとんど無く情だけである。たとえば、荻生徂徠の理の解釈は次のようなものだ。

「理は、事物にはみな自然に存在する。自分の心で推測し、きっとこうならなければならぬとか、どうしてもそうなり得ないとかがわかることがある、これを理という。[1]」

徂徠は「これしかない」と感じたことを理と言っている。そういう感じは人によって異なることもあるから、徂徠の理には客観性が無い。[2]

本居宣長は歌や物語は物の哀れを表現したものと述べている。物の哀れとは何か。

「世の中にありとしある事のさまざまを、目に見るにつけ耳に聞くにつけ、身に触るるにつけて、その万《よろず》の事を心に味あへて、その万の事の心をわが心にわきまえ知る、これ事の心を知るなり、物の心を知るなり、物の哀れを知るなり。
その中にもなほくはしく分けていはば、わきまえ知るところは物の心・事の心を知るというものなり。わきまえ知りて、その品にしたがいて感ずるところが、物の哀れなり。たとえばいみじくめでたき桜の盛りに咲きたるを見て、めでたき花と見るは、物の心を知るなり。めでたき花ということをわきまえ知りて、さてめでたき花かなと思うが、感ずるなり。これすなはち物の哀れなり。しかるにいかほどめでたき花を見てもめでたき花と思わぬは、物の心を知らぬなり。さやうの人ぞ、ましてめでたき花かなと感ずることはなきなり。これ物の哀れを知らぬなり。[3]」

物事には心があり、物事を理解するとはその心を知ることである。たとえば桜の花を見て美しい花だと思うのは、桜の心が美しいことを知るのである。そしてその美しい心を感じることを物の哀れと言うのだ。

「また人の重き憂へにあひていたく悲しむを見聞きて、さこそ悲しからめと推量るは、悲しかるべきことを知るゆえなり。これ事の心を知るなり。その悲しかるべき事の心を知りて、さこそ悲しからむとわが心にも推量りて感ずるが、物の哀れなり。その悲しかるべきいはれを知る時は、感ぜずと思い消ちても自然と忍びがたき心ありて、いやとも感ぜねばならぬようになる、これ人情なり。[3]」

人が悲しい出来事に遭って悲しんでいる心を知って、さぞ悲しいだろうとその悲しみを自分も感じるのが物の哀れである。感じまいと思っても自然に涙が出てきて悲しくなるのが人情である。この場合、人情は同情を意味する。

夏目漱石の名作『こころ』[4]は、二人の男（先生と呼ばれている主人公とその友人K）が同時に一人の女に恋したことから起こった悲劇について、先生が自らの心の内を語ったものである。

先生とKは故郷新潟県の中学を卒業して一緒に東京の高等学校に入学し、大学の同じ科に進学した。ただし専攻は違うという。

先生は資産家の一人息子で、両親がチフスで死亡した後、遺産の管理を叔父にまかせていた。ところが高校を卒業する頃、遺産のかなりの部分を叔父に着服されたことを知り、残った遺産をすべて現金に換え、故郷と縁を切って東京に出た。大学に入ったとき、先生は孤独だったが、生活に困ることはなかったので、母と娘の二人暮らしの家に下宿した。母の夫は陸軍将校だったが日清戦争のときに戦死したということだ。娘は女学校に通い、生け花と琴を習っていたが、先生はその美しい娘を好きになり、母と娘と先生と三人で買い物に行く仲になった。

一方、Kは真宗の寺の二男で、医者の養子になっていたので、医学をやるという約束で学費を送ってもらっていたが、彼自身は医者になる気はなかった。それでいいのかと先生が注意すると、Kは「道のためならそれくらいのことは構わない」と答えた。道とは何か、二人ともよくわからなかったが、当時は非常に貴いものと思っていたそうだ。Kは高校を卒業するとき、自分の考えを手紙に書いて養父に送った。その結果、養家から実家にもどされ、実父からは勘当された。そのため大学に入ってからは生活費を稼ぐために内職をしなければならず、道はますます遠くなり、Kは神経衰弱になったように見えた。

見かねた先生は、大学二年の中頃、下宿の主人（母）の反対を押し切ってKを下宿に連れてきた。彼の部屋は八畳と四畳の二間つづきだったので、Kを四畳に住まわせ、食事代を払うことにした。そして母と娘にKの世話を頼んで承諾してもらった。それからの先生はKと娘の仲を心配することになる。そんなに心配なら自分の心を娘にもKにも打ち明けたらいいのにと思うのだが、その頃は「女に関して立ち入った話などするものは一人もありませんでした」という。

先生はKの心を探ってみようとするが、Kは古代の修行者を引き合いに出して、「精神的に向上心がないものは馬鹿だ」と先生を軽蔑するようなことを言うばかりで、女に興味をもっていないようだった。ところが娘がKと打ち解けて話をするようになってくると、Kの様子も変わってくる。そして次の年の春、Kは娘に対する恋心を先生に打ち明けたのである。

「私（先生）はしまったと思いました。先を越されたなと思いました。」この言葉からわかるように、このときも先生は自分の心を正直に打ち明けようとはせず、どうやってKに諦めさせるかということばかり考えた。彼が迷っていることを知った先生はKを今までのように道の探究に向かわせようとして、「精神的に向上心のないものは馬鹿だ」とKに向かって言った。するとKは「僕は馬鹿だ」と言って立ち止まってしまった。Kがこの話はやめてくれと言ったのに、先生はさらに追及した。「やめてもいいが、君の心でそれをやめるだけの覚悟がなければ。一体君は平生の主張をどうするつもりなのか。」これに対してKは「覚悟ならない事もない」と独り言のようにつぶやいた。

Kの「覚悟」を誤解した先生は、とにかく先を越そうと、急いで娘の母に「お嬢さんを私に下さい」と申し込み承諾を得た。「要するに私は正直な路を歩くつもりで、つい足を滑らした馬鹿者でした。もしくは狡猾な男でした。そうしてそこに気のついているものは、今のところただ天と私の心だけだったのです。」と先生は述懐している。

先生の結婚話を母から聞いたKは「おめでとうございます」、「何かお祝いをあげたいが、私は金がないからあげることができません」と言ったそうだ。それから二、三日経って、夜の間にKは自殺した。遺書には「自分は薄志弱行で到底行先の望みがないから自殺する」とだけ書いてあった。二カ月後、先生は大学を卒業し、半年も経たないうちに娘と結婚した。まもなく母は病死した。先生はKとの間に起こったことを妻にも打ち明けなかった。

先生は自分がKを死に追い込んだという思いにとりつかれていたが、死んだつもりで何かやろうと決心した。ところが「恐ろしい力がどこからか出てきて、私の心をぐいと握りしめて少しも動けないようにするのです。そうしてその力が私にお前は何をする資格もない男だと押さえつけるように言って聞かせます。」「その不思議な恐ろしい力は、私の活動をあらゆる方面でくいとめながら、死の道だけを自由に開けておくのです。」そうして先生も数年後に自殺した。

その恐ろしい力とは、Kに詫びるためには死ななければならないという先生の心（人情）から生まれた幻想である。どうしてもこうしなければならない、これが人の道だと思ったとき、これを義理と言う。漱石は何も言っていないが、『こころ』は義理も人情から生まれることを示したものと私は考えている。

もう一つの例として、西田幾多郎の『善の研究』[5]を取り上げよう。ここで西田は実在するものは我々の経験であると主張している。その経験とは次のようなものだ。

「見る主観もなければ見らるる客観もない。あたかも我々が美妙なる音楽に心を奪われ、物我相忘れ、天地ただ嚠喨たる一楽声のみなるが如く、この刹那いわゆる真実在が現前している。[5]」

このように対象と一体化したという情緒的体験こそ最も確実な存在であるというのである。

この場合、ピアノという物は実在しない。私がピアノの音に感動しているという状態が実在することになる。

「意識現象の不変的結合というものが根本的事実であって、物の存在とは説明のために設けられた仮定にすぎぬ。[5]」

つまり単なるピアノという物は仮定である。同様に月とか花とかいう物も仮定であって実在しない。

「真実在は普通に考えられているような冷静なる知識の対象ではない。我々の情意より成り立った者である。即ち単に存在ではなくして意味をもった者である。それでもしこの現実界から我々の情意を除き去ったならば、もはや具体的の事実ではなく、単に抽象的概念となる。物理学者のいう如き世界は、幅なき線、厚さなき平面と同じく、実際に存在するものではない。[5]」

「直接経験の事実においては主客の対立なく、精神物体の区別なく、物即心、心即物、ただ一個の現実あるのみである。[5]」

単なる月というものは実在しない。我々が月を見て悲しい月と思ったら、悲しんでいる月が存在するのだという主張で、この考え方を物心一如の哲学と呼んでいる。要するに自分の経験は信じるが、経験していないことは信じられないという主観的な感情から生まれたものであるから、情の哲学と言うことができる。

これらの例からわかるように日本人の心は情のみだから、日本人から見ると、人間の本性は情であると言える。ところが西欧人は人間の本性は理性だと考えていたから、西欧文化と日本文化は正反対であると言わなければならない。この違いの起源を尋ねると神道とキリスト教に行きつく。すなわち特殊主義と普遍主義の対立である。江戸幕府がキリスト教を拒否したのは直感的にこの違いを感じたためだろう。十九世紀のはじめ、イギリスやロシアの船が日本の近海に現れたとき、日本の神々とキリスト教の神の違いを敏感に感じ取ったのが水戸学派の会沢正志斎であった。彼は『新論』を著し、キリストの道と天照大神の道は両立しない、食うか食われるかだと警告した。[6]

「この広大なる宇宙に夷狄の道（キリスト教）がはびこれば、神聖の道（天照大神の道）は明らかとならず、神聖の道が明らかとならなければ、夷狄の道ははびこる。彼らを変化しなければ、彼らによって変化される。その勢いはあいいれることはあり得ない。[6]」

そこで会沢は日本人が一致団結してキリスト教の侵略を排除し、西洋人を天照大神に従わせるため、日本の国体という観念を創造した。

その国体とは、日本は天皇を父とする家族国家であり、この家族国家を武力によって拡張し、世界を一家とすることを使命とする、というものである。なぜこれが使命かというと絶対者である天が天照大神に命じたからである。八紘一宇とは世界一家を言い換えたものだ。この国体思想は幕末の尊皇攘夷運動に参加した武士たちの心の支えになった。というのは、『新論』は彼らの聖典になったと山川菊栄が証言していることからもわかる。

伊藤博文が国体を基礎に据えて憲法を作った理由は自由民権運動に手を焼いたからであった。自由民権という異文化を排除するために、天照大神以来日本の国の形は定められていることを憲法で規定したのだ。この大日本帝国憲法によると、日本は万世一系の天皇が統治する国であり、陸海軍は天皇に直属し、天皇の指揮によって戦争することになっている。また政府は教育勅語を発布し、日本は天皇を父とする家族国家であり、この麗しい政治体制を海外に拡大してよいのだと国民に教えた。明治憲法体制は国体信仰を国家宗教とする体制であって、戦争の推進力は国体信仰であり、その信仰を表現するものは、神としての天皇、天皇の軍隊、教育勅語、靖国神社から成っていた。

昭和初期、国体信仰を忠実に実行しようという運動が陸軍若手将校のあいだに広がり、若手幕僚は満州事変を、隊付青年将校は二・二六事件を起こした。国体信仰は国家宗教となっていたから、日本の戦争は宗教戦争となり、聖戦と呼ばれた。この聖戦において戦死した殉教者は神として靖国神社に祀られたのである。[7]

このように戦前の日本は西洋文化を排斥し、日本文化を世界に広めようとしたのだが、戦いに敗れてこの意図は挫折した。アメリカ占領軍が日本に国体信仰を捨てさせようと憲法改正を迫ったとき、日本の政治家や知識人は憲法を変えなくても民主政治を行うことはできると主張した。たとえば天皇機関説で有名な美濃部達吉は、一九四五年十月の『朝日新聞』に、次のように述べている。

「私は、民主主義の政治の実現は現在の憲法（明治憲法）の下においても十分可能であり、憲法の改正は決して現在の非常事態の下において即時に実行せねばならぬ程の急迫した問題ではないと確信する。[8]」

そして、その理由について、

「政治の実際において、もし君主が民の心を以て心となし、統治の大権がすべて民意にしたがって行われるとすれば、法律上には君主政であって、しかも政治上は民主主義に依るものにほかならぬ。[8]」

とした。天皇が民の心を知っていて、その心によって政治を行うのであれば、それは民主主義だということだ。吉野作造の民本主義もこれと同じ考え方だったから、政治というものは誰かにやってもらうもので、人民が行うものではないと彼らは考えていたことがわかる。現在でもその考え方は日本の大勢を占めていると思う。

結局、アメリカ軍司令部が憲法草案を作り、日本政府はそれを受け入れた。それはどんなものかというと、主権は国民にあると宣言している。主権とは統治権のことだから、国民一人ひとりが国を治める権利を持っているということだ。権利とは法によって保証される行動の自由のことだが、いったい誰がそんな法をきめたのか書いていない。しかもこれが人類普遍の原理だと言うのはおかしいと思うが、どうしてこんなものを受け取ったのか。ところが憲法改正に関する議会でもっぱら問題になったのは国体は護持されたかということだった。国民主権の原理については誰も問題にしなかったらしい。

一九四六年四月十日、戦後第一回の総選挙が行われ、五月二十二日に吉田茂内閣が成立、六月二十日から衆議院本会議で改正憲法が議論された。吉田首相は明治憲法から新憲法に変わっても国体は変わっていないと主張した。その根拠として、日本は昔から民主主義であり、明治憲法は民主的だったと言うのだから驚く。

「いわゆる五箇条の御誓文なるものは、日本の歴史、日本の国情をただ文字に表しただけの話でありまして、御誓文の精神、それが日本国の国体であります。日本国そのものであったのであります。この御誓文を見ましても、日本国は民主主義であり、デモクラシーそのものであり、あえて君権政治とか、あるいは圧制政治の国体でなかったことは明瞭であります。また歴代の天皇の御製を見ましても、また名君賢相の詩歌その他を見ましても、日本においては他国におけるがごとき暴虐なる政治とか、あるいは民意を無視した政治の行われたことはないのであります。民の心を心とせられることが日本の国体であります。ゆえに民主政治は新憲法によってはじめて創立せられたのではなくして、従来国そのものにあった事柄を単に再び違った文字で表したに過ぎないものであります。

皇室と国民との間に何らの区別もなく、いわゆる君臣一如であります。君臣一家であります。君と臣との間に相対立した関係はないことは勿論であります。ゆえに主権が何処にあるかということは、日本国においては甚だ明瞭な問題であります。あえて言葉を費やすまでのこともないのであります。

国体は新憲法によって毫も変更せられないのであります。日本の在来の精神、思想が新憲法において違った文字で表されたに過ぎないのであります。[9]」

吉田は彼の心を語ったのだと思うが、客観的に見るとでたらめである。要するに国体は変わっていないと頑張った。それにしてもこんな話が通用する国会という所は不思議な所だ。憲法担当の国務大臣金森徳次郎も「国体とは国民の心の問題である」と答弁したそうだ。[10]

占領軍の政策によって憲法と教育勅語は破棄され、軍隊は解体されたが、靖国神社は残った。占領軍は政教分離の原則を守るよう指示したが、各神社がそれぞれ宗教活動を行うことは認めたので、靖国神社も一つの宗教法人として残ったのである。もし政府に国体信仰を廃止する気持ちがあったら、靖国神社の性格を変えるべきだったが、そうしなかったのは国体信仰を残しておきたかったのだ。一九五一年十月、講和条約と安保条約に調印した吉田首相は靖国神社に公式に参拝した。

ダーウィンは『人類の起源』（一八七一）において、ヨーロッパ人の世界進出によって滅亡に瀕した未開人を考察している。タスマニア島原住民の滅亡、ニュージーランドやハワイ諸島にヨーロッパ人が移り住んでから、土着民の人口が異常に減少したことを取り上げ、それらの原因が主として女性の不妊によるとしている。

「生殖器系が生活状態の変化に敏感であるというこの法則が、いかに一般的であり、またそれがわれわれに最も近縁であるサル類にも当てはまることを知れば、私にはそれが原始状態の人間には当てはまらなかったとは、とうてい考えられない。だから、どんな人種の未開人でも、生活の習慣に急激な変化がひきおこされると、不妊になり、また彼らの子供は健康をそこねるのである。[11]」

民族が生き残るためには自然環境だけでなく、文化環境にも適応しなければならないということをダーウィンは警告していた。

文献

1　尾藤正英編『荻生徂徠』　中央公論社　一九八三
2　佐藤久直著『言葉の文化と文字の文化』　東京図書出版　二〇一三
3　日野龍夫校注『本居宣長集』　新潮社　一九八三
4　夏目漱石著『漱石全集第十二巻　こころ』　岩波書店　一九五六
5　西田幾多郎著『善の研究』　ワイド版　岩波文庫　一九九一
6　橋川文三編『藤田東湖／会沢正志斎／藤田幽谷』　中央公論社　一九八四

7　佐藤久直著『神秘の森をさまよう日本の思想』　東京図書出版　二〇一一
8　江藤淳編『占領史録3　憲法制定経過』　講談社学術文庫　一九八九
9　ジョン・ダワー著　大窪愿二訳『吉田茂とその時代　下』　中公文庫　一九九一
10　古関彰一著『新憲法の誕生』　中公文庫　一九九五
11　今西錦司編『ダーウィン』　中央公論社　一九七九

第一章　人権に基づく民主主義

一　自然法と人権

ジョン・ロック（一六三二―一七〇四）はすべての人間に国家統治の権利があると主張するために次のような仮説を立てた。[1]

(イ)　我々の世界には自然法が存在する。
(ロ)　自然法は理性である。
(ハ)　理性は神によって人間に与えられている。
(ニ)　自然法によって人間には人権（生まれながらの人間の権利）が与えられている。
(ホ)　人権が統治権の起源である。

ロックの話は次のような順序で進行する。初め人間は政治社会を作らず、ばらばらの状態で生活していた。これを自然状態という。自然状態には国家の法は無いが、自然法によって秩序が保たれている。自然状態は、「自然の法の範囲内で自分の行動を律し、自分が適当と思うままに自分の所有物と身体を処理するような完全に自由な状態」である。どのようにして人間は自然法を知るのかというと、すべての人間が持っている理性によってである。理性とは「神が人類に与えた共通の規則であり尺度」である。

理性が教えるところでは、第一に、他人の生命、健康、自由、あるいは所有物に危害を加えることは法に反する。その理由は人間が神の仕事をするために地上に送られた神の召使いだからである。神の仕事とは地上の平和を保つことであり、そのための人類の保全である。従って、各人は法の違反者を処罰する権利を持つ。つまり違反者は、自然法によって守られている人類の平和と安全を侵害することによって全人類の敵となったのである。

損害を受けた人は処罰権（これはすべての人にある）に加えて加害者に賠償を要求する権利を持つ。

このように自然法に違反した者に対しては誰でも処罰権を持つこと、被害者は加害者に対して損害請求権を持つこと、これが第一の人権である。

次に第二の人権として人間は所有権を持つことをロックは示した。それは三つの仮定に基づく。

仮定1　神は人々に世界を共有物として与えた。だから大地と、そこにあるすべてのもの即ち果実や動物は人類の共有物である。

仮定2　すべての人間は自分自身の身体に対する所有権を持つ。

仮定3　共有物に私の労働を加えると私のものになる。たとえば私が集めた木の実は私の物であり、私が捕まえた鹿は私の物になる。同様に、土地を開墾し種をまくと、その土地は私の所有物になる。（つまり自分の身体を使って共有物を変化させると私有物になるという論理だ）

所有権についてまとめると、私の身体は私のものであるということに疑問の余地は無いと考えている。そうすると私とは、デカルトが言うように、精神とか魂とかいうものになるだろう。そこから身体を保持する権利即ち生命権が生まれる。また私は身体を好きなように使う権利即ち自由権を持つことになる。そして前述の通り私の労働によって私の資産ができることから、いわゆる私有財産権が生じる。

自由権とは人間の行為はすべて合法的（自然法に適う）ということで人権の核心をなすものであるが、ロックは次のように注意している。

「人間の自由は、人間が理性をもっているということに根拠を置いている。理性は自分自身を支配する法を教え、どの程度まで自分の意志の自由が許されるかを知らせてくれる。人間が自分を導く理性をもつ前に、無制限な自由へと放任されることは、自由という自然本性の特権を容認することではなく、むしろ人間を野獣の仲間にほうりだし、人間以下の状態に見捨てることである。[1]」

ロックが言うには、人間はある年齢に達するまで理性をもつことができない。「人間が自分を導く理性をもつ前に」とはそういう意味であり、理性をもつようになるのは成人になってからである。成人になるまで子供は両親に従わなければならない。両親は法に代わって子供に行動規則を教える義務がある。

自然状態の難点は、犯罪者集団が強大な場合には生命・財産を守ることができないこと、あるいは犯罪人を捕らえて裁判にかけることができたとしても、私刑となるから公正な裁判になるとは言えないことである。そこでロックの筋書きによると、人々は生命・自由・財産という所有物を守るために、契約によって一つの政治社会を作る。そのとき人々は彼らが本来持っていた裁判権を国家に譲り、国家が被害者に代わって裁判を行うのであって、ここに統治権の起源がある。このようにもともと人間がもっていた人権から統治権が生まれるということが主権在民の根拠である。

政治社会においては多数派がそれ以外の人を動かす権利をもつ。それが自然法（理性の法）によることは当然だとロックは言う。つまり全員が理性によって行動することに多数決の正当性がある。

二　人権思想の問題点

人権思想とは、我々の住む世界には自然法が存在し、人間は自然権としての人権を与えられているという価値観に基づくものである。人間の行動を規定する自然法が存在し、それが理性の法であるとすると、原初的な理性が存在しなければならないが、そんなものは存在する筈がない。なぜかというと、人間は生物進化の一環として生まれた動物の一種であるのに、人間にだけ権利を与えるような理性が生物誕生以前から存在していたとは考えられないからだ。どうして人間を殺すことは犯罪で、牛や豚を殺すことは犯罪でないのか。そう考えると人権は王政打倒を正当化するために考案された仮説に過ぎないことがわかる。

人類はアフリカで誕生し、地球上の各地に分散し、住み着いた所で集団生活を営み、それぞれ独自の文化を築いた。その集団が一つのまとまりとして国家と称するようになったのだから、国家は歴史的な運命共同体であり、歴史的な存在である私たちの存在理由を保証するものである。たとえば私は日本という国があるから日本人なのであり、それは私の祖先が日本人であったことによって証明される。

ところがロックの国家は、たまたまどこからともなくやってきた人たちが、自分の生命・自由・財産を守るために契約して作ったものということだから、民族の歴史や文化はどうでもいいという考え方から生まれた一つのモデル国家に過ぎない。ロックの思想の中には、理性を持っている人間は何でもわかるのだから過去の歴史や文化は知らなくてもいいという傲慢な態度が潜んでいる。歴史と文化を無視するから、国民を統一する思想が無い。統一精神が無いから国家としての目標が無い。この影響を受けた日本人は幸福の追求と称してお金を追求するようになってしまった。かくて政治は国民が貨幣を奪い合う場となる。

人権思想は君主制を打倒するために考案されたもので、本来政治社会にしか通用しないものである。君主専制の下に自由を奪われていた人民の自由を取り戻すため、個人の自由に最高の価値を置く。しかしロックが注意しているように、理性を持っていない人間を自由にすることは人間を野獣の仲間にすることと同じだ。つまり自由主義は道徳を否定するが、人間が理性を持っているなら、自律的に自然法に従うだろうとロックは考えた。しかし現実には自然法も理性もないのだから、自由主義は道徳無視と同じことになる。

我々は一定の年齢に達すると選挙権を与えられて政治社会の一員になる。しかしその他の社会にも属していて、その中で最も大切なものは家族社会である。家族社会は愛を基本とする道徳によって成り立っているが、そこに人権が侵入してきて家族道徳を否定するようなことがあると家族は崩壊するだろう。

成人となって社会に出た青年は政治社会と家族社会を出入りすることになるが、そのときに行動の規範を外での自由主義から内での道徳主義へと簡単に切り替えることができるとは考えられない。それでは二重人格になるからだ。おそらく自由主義を家族社会に持ち込んで家庭をこわしてしまうことになるだろう。伝統的文化では家族が社会の基本的単位であるから、人権に基づく生き方は伝統的文化を破壊する。だから歴史的に形成された文化を持つ日本民族にとって人権思想は極めて有害である。

三　新憲法成立

(1) マッカーサー三原則

日本政府にまかせていたのでは民主的な憲法は期待できないと判断したマッカーサーは、一九四六年二月三日、民政局長ホイットニーに憲法草案の作成を命じ、同時に改正憲法の満たすべき三つの原則を示した。[2]

(イ)　天皇は元首の地位にある。

天皇制は廃止するが、天皇の地位は保証するということ。

(ロ)　国権の発動たる戦争は廃止する。日本は、紛争解決の手段としての戦争、および防衛の手段としての戦争も放棄する。日本は、その防衛と保護を、今や世界を動かしつつある崇高な理想に委ねる。

(ハ)　日本の封建制は廃止される。

第二次大戦が終わった直後だから、もう戦争はやめようという空気が漲っていたのだと思うが、マッカーサーは世界の動きについて見通しを誤ったか、あるいは日本には戦争をさせないという決意を示したのか、どちらかであろう。

翌日、ホイットニーは憲法草案作成の運営委員会を設け、その下に専門分野ごとに八つの委員会を作り、一週間で草案を書き上げるよう命じた。

二月十三日、憲法草案が日本側の代表四人（松本蒸治国務相、吉田茂外相、白洲次郎、長谷

川元吉）に渡された。このときホイットニーが日本政府の改正案は全く受け入れられないと言うと、「日本側の人々は呆然とした表情を示し、特に吉田の顔は驚愕と憂慮の色を示した」という。二月二十二日、幣原内閣はアメリカ側の案の受け入れを決めた。古関彰一はこれを第二の敗戦と記した。

(2) 前文に述べられている新憲法の基本思想

第一段は自然権としての人権に基づく民主政治の原理を述べている。

「そもそも国政は、国民の厳粛な信託によるものであって、その権威は国民に由来し、その権力は国民の代表者がこれを行使し、その福利は国民がこれを享受する。」

これはロックの国家と同じ構造である。「これは人類普遍の原理であり」と書いているが、そんな原理は存在しない。草案を作成したアメリカ人は自然法を信じているということがわかる。

第二段は第九条の理念を述べたものである。

「日本国民は、恒久の平和を念願し、人間相互の関係を支配する崇高な理想を深く自覚するのであって、平和を愛する諸国民の公正と信義に信頼して、われらの安全と生存を保持しようと決意した。」

これもロックが言っているように、人間は神の作品であるから互いに傷つけ合ってはいけないのであり、神の召使いとして世界平和を実現することを崇高な理想と表現しているのだと解釈することができる。そう考えると、自然法に従うことが公正であり、信義とはお互いに自然法を確認し守っていくことだと言える。

第三段は、国際関係においても政治道徳を守ることを強調している。普遍的な道徳法則が存在するという信念は、自然法の存在を信じることから生まれる。

以上に述べたことから日本国憲法は自然法信仰の上に成り立っていると結論することができる。

⑶ 新憲法を受け入れる

一九四六年十一月三日、新憲法公布の日、東大総長南原繁は新憲法について講演し、平和主義、民主主義、基本的人権に関して独特の解釈を示した。[3]

第一に、憲法第九条の意味は、我々日本人が人類に普遍的な正義に基づく世界共同体の建設を要請するということである。そしてこれを実行するに当たって、武力に頼らず、人類の理性と良心に訴え、平和を愛する諸国民の公正と信義に委ねようとするのである。これは実に困難な道であるが、この理想を達成することがわが民族の新たな世界史的使命となった。

元来、日本人は文化を愛し、平和を楽しむ民族であるから、「新たに世界の平和市民として更生するときに、初めて東洋の、そして世界の門戸はわれわれの前に開かれるであろう。同時に、われわれの祖先が建国以来、理想とし来たったところの『神の国』を、真の意味において地上に実現するという永遠の使命を担う世界的民族と、われわれはなり得るであろう。」と述べたが、「神の国」についての説明がないので、「八紘一宇」をもう一度やり直そうと言っているように聞こえる。

第二に、民主主義の原理は国民主権である。しかし政治には関わらないが、天皇制は残った。南原は新憲法の天皇を君主と理解した。だから国民主権と君主主権は対立することになる。しかし、「わが国古来の君民同治の精神によってこの対立は解消し、あらたな融合を創造するだろう。」と南原は天皇が存在しても君民同治の精神によって民主主義が行われると考えた。

第三に、基本的人権は人間の価値を表すものと考えているらしい。本当のところ何を言っているのかわからないので、原文を引用する。

「民主主義の成果は、国民のひとりひとりが等しく人間として、生命・自由および幸福の追求に対する完全な権利を享受することなくして、到底期待しえられるものでない。国際の戦争の廃棄も、国民ひとりひとりの人間的価値と尊厳をみとめてこそ、初めて可能であるであろう。

新憲法が旧憲法に比し徹底して、国民の基本的人権を侵すべからざる永久の権利として保証したことは、ここに力説されなければならない。」

これでは基本的人権は何のためにあるのかわからない。また、「旧憲法に比し徹底して」ということは、旧憲法にも基本的人権があったということだが、そんなことは考えられない。「神の国」といい、「君民同治」といい、南原は戦前との連続性を強調している。

一九四六年十二月、「憲法普及会」が組織され、各地にその支部がつくられて新憲法説明会が行われた。その中から横田喜三郎の文化国家論を紹介する。

「今後、軍備もつくらない、戦争もしないということで、日本人が全精力を文化のために費やしたならば、数十年の間には、私は相当に高い文化ができるだろうと思います。

不幸にして、今まで誤った指導者によって、誤った方向に日本人のエネルギーが費やされておったが、今後はほんとうに文化のために日本人が努力するならば数十年先には恐らく一流の文化国になり得るだろうと思います。そうすれば世界一流国家として十分尊敬され、第一流国家として待遇されるはずであります。
　そうしてみますれば、この憲法において、完全に平和主義を採用し、軍備を全廃して、全面的に戦争を放棄したことは、正に日本の行くべき道を示したものであります。[2]」

　この話がヒントになったのか、一時日本は文化国家になるべきだという話が流行し、文化人、文化勲章、文化住宅、文化包丁など、いろいろなものに文化という名前がつけられた。私はこの考え方に反対だ。文化というのは価値観の表現であり、どんな人でも文化を身に付けているのだから、そういう意味では、誰でも文化人である。現代人から文化を取ってしまうと、残るのは原始人となるだろう。だから文化国家というのは無意味であり、行政に文化庁があるのもおかしい。

　またそれに関連して、「今まで誤った指導者によって、誤った方向に日本人のエネルギーが費やされておった」という話にも賛成できない。歴史事実に対して価値判断をするのはよくない。それは日本の文化遺産であるから、事実は事実として認めるべきである。

　日本人は価値判断によって歴史事実を曲げる傾向がある。改めなければならない。

憲法普及会の活動としては、映画や歌も作られた。「古いすげ笠　チョンホイナ　さらりとすてて　平和日本の　花の笠」と『憲法音頭』は歌っているが、「さらりとすてて」はよくない。

一九四七年五月三日の憲法施行の日には、新憲法施行記念国民歌『われらの日本』が歌われた。

「平和のひかり天に満ち、正義のちから地にわくや、われら自由の民として、新たなる日を望みつつ、世界の前に今ぞ起つ[2]」

これが新日本の国歌になってもよかったと思うが、なぜか国歌としては『君が代』が残った。靖国神社や『君が代』が残ったところに、戦前の国体思想をさらりとは捨てられない日本人の執着がみられる。

(4)　人権と日本文化

権利とは法によって認められた自由の領域、すなわち行動範囲である。法とはルールであって、人間はルールに従って行動しなければならない。ルールに従うことは正しいことだから、法に従うことは正義であるとヨーロッパ人は考える。そうすると権利による行為は正義ということになる。しかし日本人の考え方は違う。我々は法や権利という観念によって行動するのではなかった。日本人の行動を支配していたのは人情であり、人の道としての義理であった。だから人間は生まれつき権利を持っているという人権思想を理解することはむずかしかった。明治時代には天賦人権と称し、絶対者である天が与えた自由と解釈した。つまり何かわからないが天下り的にそうなっているということであるから、理由を詮索しないで信じるという信仰と同じ態度である。

　戦後の人権解釈には二通りあって、一つは南原繁が言うように人間の価値を表すというもの、もう一つは恒藤恭が述べたようにヒューマニズムと解釈することである。日本人が言うヒューマニズムとは人道主義、即ち人の道だろう。八木秀次によると、「日本人の多くは人権という言葉を極めて好意的に理解している。たとえば、『山川草木悉有仏性』・『一寸の虫にも五分の魂』という表現に象徴されるような『生きとし生けるものに対する深い慈愛の念』くらいに理解している。[4]」という。これは人道主義的な解釈である。

　前者の人間評価の代表的なものに、宮沢俊義の「人間性というものから直接に論理必然的に出てくる権利」というのがある。人間性とは何かわからないのでこれだけでは単なる独断である。人間の本性を理性であると規定しても、それだけでは権利は出てこないし、また人間の尊厳という考え方も権利にはつながらない。要するに人間は特別な存在だから権利があるのだと宮沢は言っている。どういう言い方をするにしても、人権はフィクションであり、事実ではない。ところが日本人は人権がフィクションであることを意識していないから、戦前と同じように事実と価値の区別がわからないのだ。とすると、戦前の日本人が国体を信仰したように、戦後の日本人は人権を信仰していると言わなければならない。

その例として、八木秀次著『反「人権」宣言』[4]から引用する。

「ある中学校で、授業の休憩時間中、一年生の男子生徒が女の教師をナイフで刺し殺した。その対策として、学校で生徒の所持品検査をしようということになったとき、マスコミや教育評論家や人権派から、所持品検査は生徒のプライバシーを侵害する、子供の人権を守れという反対意見があって学校は検査を実施しないことになった。

事件が頻発している最中、ある新聞の特集記事で、神奈川県の私立中学・高校の教師の体験が紹介された。

この教師の勤める学校でも校内でナイフを見ることは少なくない。あるとき、生徒との間で次のような会話があったという。

『危ないよ、どうしてそんなもの持ってるの？』

『別に。ロープを切ったりとかするだけだし。』チャッと音を立ててバタフライナイフが開いた。

『それ、こわいよ、持ってくるのやめてよ。』

『おれが何かすると疑ってるわけ？　それって人権侵害じゃん。』

これで生徒とのやりとりは途絶えた。この教師は『人権、教員はこの言葉にどれほどこまっていることか』と嘆息したと、この記事は伝えている。つまりこの教師は人権という言葉を聞いて是非もなくひるんだのである。[4]」

前述したように、教育社会に人権を持ち込むのは間違いであるが、マスコミや教育関係者もこのことがわかっていない。鎌田慧編著『人権読本[5]』には、

「子どもも人としての権利をもち、何歳であっても人格としては大人と対等である[5]」

という間違った考え方が、あたかも正論であるかのように述べられている。

戦前の国体の話になるが、幸徳秋水は次のように述べている。

「『国体に害がある』の一語は、実におそろしい言葉である。人でも主義でも議論でももし天下の多数に『アレは国体に害がある』とひとたび断定されたならば、その人、もしくはその主義、もしくはその議論はまったく息の根をとめられたと同様である。だから卑劣

な人間は、議論や理屈で間に合わぬ場合には、手っ取り早く『国体に害あり』の一語でもって、その敵を押し伏せようとかかるのだ。[6]」

国体も人権も政治社会のために作られた仮説に過ぎないのだが、一旦、国民多数がそれを真理として信じてしまうと、もはや論議無用となってしまうのだ。

文献

1　大槻春彦編『ロック／ヒューム』　中央公論社　一九八〇
2　古関彰一著『新憲法の誕生』　中公文庫　一九九五
3　武田清子編『戦後日本思想大系2　人権の思想』　筑摩書房　一九七〇
4　八木秀次著『反「人権」宣言』　ちくま新書　二〇〇一
5　鎌田慧編著『人権読本』　岩波ジュニア新書　二〇〇一
6　伊藤整編『幸徳秋水』　中央公論社　一九八四

第二章　自由主義か共産主義か

一　講和と安保

第二次大戦が終わって東ヨーロッパ諸国と西ヨーロッパ諸国の対立が始まると、アメリカの大統領トルーマンは自由主義を全体主義の攻撃から守ると宣言した。一九四七年三月のことで、この宣言が東西冷戦の始まりとされている。一九四九年十月、中華人民共和国が成立すると、アメリカは日本を極東における自由主義陣営の最前線と位置づけ、自由民主主義国家として自立させることを急いだ。

日本は既に自由権を基礎とする憲法を採用していたから、自由主義陣営に参加することに疑問はなかったように思われるが、当時の日本人の中には、日本はまだ選択の自由をもっていると考える人たちが大勢いた。

一九四八年四月、出隆が共産党に入党し、その後、森田草平・藤森成吉・野間宏・武林夢想庵・梅本克己・小松攝郎・服部之総・内田巌・本郷新・井尻正二などが入党した。この現象について神田文人は次のような解釈を述べている。

「文化人の入党の動機は、戦争中の自己の敗北感を反省し、理論と実践の統一をめざすことにあった。単純化していうと、実践が理論の前提であるとする唯物論は正しい。唯物論を信奉し実践している組織は共産党である。したがって、入党は論理的帰結である、という論法によるものであった。

つまり、入党して革命をめざし、理想社会の実現を期するという面もあるが、より以上に、自己の主体性確立をはかるという性格をおびていた。その意味では、元来、政治的な資質の持ち主がその能力を発揮し、社会を動かすために政党に入党して活動するというタイプとは異なっていた。それが文化人の特徴であり、濃淡の差はあれ、一種求道者的な色彩をもっていたのである。[1]」

この論理は理解できないが、彼らが主体性確立をはかるために共産党員になったのだとすると、文化人とは子供のような人たちだったのかと思う。個人的な動機は何であれ、彼らは冷戦において共産主義側に立つことを明らかにしたのである。

同じ年の九月、全学連（全日本学生自治会総連合）が国公私立百四十五大学三十万人の加入によって結成された。

「その名のとおり全学連は全学生が自動加入する大学自治会の連合会で、結成は日本共産党の指導の下に行われている。共産党は全学連を介して大学自治会の多くを掌握することになったわけだが、それに異を唱える勢力は学生側にも大学当局側にも存在しなかった。[2]」

出隆たちの共産党入党や若い学生を共産党にまかせて平気な教師を見ると、当時の知識人社会はマルクス主義一色だったのかと思う。

一九四九年一月、安倍能成や清水幾太郎などの知識人から成る「平和問題談話会」は、中立主義を唱え、全面講和を主張した。このころ、講和条約を結ぶに当たって、共産主義国のソ連や中国を含むものを「全面講和」、ソ連・中国を除外してでも条約を締結することを「単独講和」或いは「片面講和」と称して、論議の的になっていた。これに対して、横田喜三郎は、「全面講和」は望ましいが、「単独講和」でも占領下から脱して自治を回復することができるからよいとし、さらに国連加入と中立は矛盾すると指摘した。なぜかというと、国連は戦争に対して制裁を加えることになっているから、中立では国連加入の資格がないというのである。たとえば朝鮮戦争に対しても中立ということであれば、国連軍に反対することになる。どんな紛争でも解決しようという気持ちが無ければ、国連加盟は無意味になるだろう。

吉田茂首相は参議院における質問に対して、日本に選択の自由は無いと答えた。

「単独講和可なりや、全面講和可なりや、どちらがいいかという問題は、今日はないのであって、海外の事情によって、つまり、外交の国際関係によってきまるわけであって、我々に採択の自由はないのであります。[1]」

日本はアメリカの占領下にあるからアメリカの言う通りにするしかないということだ。

一九五〇年四月、吉田首相は早期講和打診のため、池田勇人蔵相をアメリカに派遣し、できるだけ早い機会に講和条約を結びたいという希望を伝え、また講和後の安全保障のために、アメリカ軍を日本に駐留させてもよいと提案した。

その直後、六月二十五日に北朝鮮軍は突如韓国に侵入し、たちまち首都ソウルを占領した。金日成はスターリンと毛沢東の支援を取り付けてから行動を起こしたという。

アメリカの要請によって安保理事会が招集され、北朝鮮に即時撤退を呼びかけたが反応は無かった。なお、この時ソ連は中国代表権問題に抗議して安保理を欠席していた。七月七日、安保理は韓国に対する軍事援助をアメリカの作る国連軍によって行うこと、国連軍司令官はアメリカが任命することを決めた。トルーマン大統領はマッカーサーを国連軍司令官に任命した。

七月八日、マッカーサーは吉田に七万五千人の警察予備隊の創設と、海上保安庁八千人の増員を指令した。

朝鮮戦争は国連軍（主力はアメリカ軍）の介入によって形勢逆転し、北朝鮮軍は三八度線以北に退却し、国連軍は三八度線を越えて北に進攻した。そうすると、インドが警告していたように、中国義勇軍が北朝鮮援助に乗り出し、国連軍を南に押し返した。

結局、一九五一年六月、ソ連が停戦を提案し、一九五三年七月になってようやく休戦協定が結ばれた。

一九五一年一月二十五日、ダレスが大統領特使として講和の打ち合わせのために来日した。ダレスは国会議員や財界人にも会って意見を交換し、日本を離れるとき、米軍駐留は日本国民の圧倒的希望であると挨拶した。実際、この頃の世論調査によると、再軍備と基地提供に関して賛成が反対よりかなり多い。ただし、社会党は全面講和・中立・軍事基地反対・再軍備反対を平和四原則として主張し、共産党も全面講和運動に取り組んだ。単独講和は日本をアメリカの植民地にするというのである。

一九五一年九月八日、サンフランシスコで講和条約が調印された。中国は招かれず、インド・ビルマ・ユーゴスラビアは招待されたが出席していない。ソ連・ポーランド・チェコスロバキアは調印式に欠席し、四十九カ国が調印した。

同じ日の午後五時、日米安全保障条約の調印も行われた。その前文には次のようなことが書いてある。

日本は、武装を解除されているので、固有の自衛権を行使する有効な手段をもたない。そのためアメリカとの安全保障条約を希望し、日本に対する武力攻撃を阻止するため日本国内及びその付近にアメリカがその軍隊を維持することを希望する。

アメリカは、平和と安全のために、若干の自国軍隊を日本国内およびその付近に維持する意思があるが、日本が自国の防衛のために漸増的に自ら責任を負うことを期待する。

この条約の要点は第一条である。

第一条

平和条約及びこの条約の効力発生と同時に、アメリカ合衆国の陸軍、空軍、及び海軍を日本国内及びその付近に配備する権利を、日本国は、許与し、アメリカ合衆国は、これを受諾する。この軍隊は、極東における国際の平和と安全の維持に寄与し、並びに、一又は二以上の外部の国による教唆または干渉によって引き起こされた日本国における大規模の内乱及び騒じょうを鎮圧するために日本国政府の明示の要請に応じて与えられる援助を含めて、外部からの武力攻撃に対する日本国の安全に寄与するために使用することができる。[3]

これを見ると、日本の安全のために駐留アメリカ軍を使うことはできるが、アメリカ軍がアメリカのために何をするかはきめてないから、それはアメリカの自由である。これは片手落ちではないか。また、軍の配備や規律については行政協定で決めることになっていて、これも問題であった。

二　一九六〇年安保闘争

一九五七年二月に首相になった岸信介は、憲法を改正して軍隊を持ち、アメリカと対等な形で軍事同盟を結びたいと考え、その方向に安保条約を改定する作業を始めた。そういう政府の方針に対して、三つの団体が反対に立ち上がった。

社会党主導の「安保条約改定阻止国民会議」は、百三十四団体の代表、約八百人が集まって、一九五九年三月に結成された。国民会議の目標は安保条約廃棄であるが、その最初の段階として「改定阻止」を訴えた。

全学連は共産党と手を切り、プロレタリア革命を目指して結成された「共産主義者同盟（ブント）」の指導下にあった。全学連も国民会議と共にデモに参加したが、その目標は革命であった。全学連の委員長唐牛健太郎は言う。

「僕たちは帝国主義を打ち倒さないかぎり、戦争は避けることができないという考えです。内外共に、資本主義が帝国主義の段階に入っている現在、これを打倒しないかぎり、ほんとうの平和、勤労大衆の解放はないと思うのです。[4]」

安保改定阻止運動が帝国主義打倒のきっかけになると思っているようだが、どのようにして世界的な革命運動に発展させるのか、そのプロセスについては何も考えていない。戦前、血盟団に参加した大学生も体制を倒すことしか考えていなかった。それとよく似ている。

知識人によって結成された「安保問題研究会」は、一九五九年十月十七日、代表八人（青野季吉・家永三郎・上原専禄・江口朴郎・戒能通孝・城戸幡太郎・清水幾太郎・務台理作）が藤山愛一郎外相に質問書を提出した。項目はいろいろあるが、その中から中立論を取り上げる。

「私たちが日本の中立化を主張するのは、日本がいかなる軍事同盟からも離脱して、軍事的中立の地位を確保し、現在アジアに存在する緊張状態をやわらげ、日本自身をも、戦争の危険から遠のかせることができると同時に、中国と国交を回復し、ソ連と平和条約を締結することによって、両国と日本とのあいだに、不動の平和共存の原則を確立することができると考えるからです。[4]」

これに対して藤山は次のように答えた。

「私は、自由民主主義を信奉する日本として、その置かれている国際環境とすでにご説明したような国際情勢の推移を考慮するとき、わが国が自由世界の一員として、外交上または安全保障上他の自由諸国と協力してゆくことが、わが国の国民的利益を確保し発展させる最善の道であると信じておりますし、また日本国民の大多数の良識は、わが国と自由諸国とのこのような協力関係の維持発展を支援していると考えます。[4]」

この答えは常識的でよくわかる。

「安保問題研究会」の目的は日本の中立化であるが、日本国憲法は自由民主主義を政治体制としているから、自由主義陣営に参加するのが当然である。この憲法を保持したままで中立ということは考えられない。もし東西両陣営のどちらにも組したくないのであれば、それに適した体制を議論することから始めなければならない。その体制をとった上で、それに適した平和を追求すべきであった。しかし中立化ということが安保廃棄だとすると、「国民会議」の主張と一致することになる。はじめから軍事同盟反対と言えばわかりやすかっただろう。

一九五九年十一月二十七日、安保改定阻止国民会議主導のデモが国会前で行われ全学連も参加した。社会党代表団が衆議院議長に陳情文をわたすために国会正門を開けさせて中に入ったとき、学生たちも構内に入った。彼らが通用門をこじ開けて二万人のデモ隊が構内に侵入し、ジグザグデモを繰り返した。全学連主流のブントの幹部は騒ぎを大きくして革命の引き金にするつもりだったが、翌日の新聞は冷たく、何事も起こらなかった。

一九六〇年一月十九日、ホワイトハウスで新安保条約の調印式が行われた。日本を代表して署名したのは、岸信介、藤山愛一郎、石井光次郎、足立正、朝海浩一郎の五人である。二月五日、衆議院に新安保条約批准案が提出され、衆議院安保条約特別委員会が設置された。五月十六日に公聴会が終わると、五月十九日、自民党は強行採決に踏み切った。

自民党の強行採決によって、「五月二〇日以後の日本は異様なほどの興奮に包まれることになった。新安保条約に賛成とか反対とかいうだけでなく、岸首相に代表される議会政治をないがしろにする者と彼らを擁護する者とが、国民の反感の対象になったのだ。」というように、安保反対運動のエネルギーが民主主義を守れという方向に向かった。「民主主義を守る全国学者・研究者の会」が結成され、竹内好は「岸内閣が正体を明らかにしつつあるファシズムの本質は暴力である[5]」と非難した。

六月十五日、全学連は再び国会突入を実行した。彼らのスローガンは「アイク訪日粉砕、岸内閣打倒、新安保条約打破」であるという。この日行われた労組のストや国民会議のデモは穏やかに解散したが、夕方五時頃、学生たちは国会の門を破って乱入し、待ち構えていた警官隊と衝突した。午後八時頃、乱闘の中で東大生の樺美智子が死亡した。

ところで、学生をプロレタリア革命に駆り立てたものは何だったのか。当時の日本にそのような客観情勢は無かったと思うのだが。

六月十九日、新安保条約は自然成立し、二十三日に批准書の交換が行われていたころ、岸信介は臨時閣議を開き、総理大臣を辞職すると言った。

新安保条約の概要を以下に記す。

前文には、「両国の間の一層緊密な経済的協力を促進し、並びにそれぞれの国における経済的安定及び福祉の条件を助長することを希望」することと、「両国が極東における国際の平和及び安全の維持に共通の関心を有することを考慮し、相互協力及び安全保障条約を締結することを決意」したと言っている。

第一条

―前略―

締約国は、他の平和愛好国と協同して、国際の平和及び安全を維持する国際連合の任務が一層効果的に遂行されるように国際連合を強化することに努力する。

第二条
締約国は、その自由な諸制度を強化することにより、これらの制度の基礎をなす原則の理解を促進することにより、—中略—、その国際経済政策におけるくい違いを除くことに努め、また、両国の間の経済的協力を促進する。

第三条
締約国は、個別的に及び相互に協力して、継続的かつ効果的な自助及び相互援助により、武力攻撃に抵抗するそれぞれの能力を、憲法上の規定に従うことを条件として、維持し発展させる。

第四条
—前略—、日本国の安全又は極東における国際の平和及び安全に対する脅威が生じたときはいつでも、いずれか一方の締約国の要請により協議する。

第五条
各締約国は、日本国の施政の下にある領域における、いずれか一方に対する武力攻撃が、自国の平和及び安全を危うくするものであることを認め、自国の憲法上の規定及び手続きに従って共通の危険に対処するように行動することを宣言する。
前記の武力攻撃及びその結果として執ったすべての措置は、国際連合憲章第五十一条の規定に従って直ちに国際連合安全保障理事会に報告しなければならない。その措置は、安全保障理事会が国際の平和及び安全を回復し及び維持するために必要な措置を執ったときは、終止しなければならない。

第六条
日本国の安全に寄与し、並びに極東における国際の平和及び安全の維持に寄与するため、アメリカ合衆国は、その陸軍、空軍及び海軍が日本国において施設及び区域を使用することを許される。
―後略―

第七条以下略

この闘争を現在の時点で眺めると、争点がはっきりせず、結局何も残らなかったような気がする。その原因は国民が、政権を含めて、感情的に動いたからで、政府の目的と反対運動の目的とどちらもはっきりしなかった。

もし伝えられているように、日本をアメリカと対等な立場に引き上げるのが政府の目的なら、まず最初にアメリカ軍が駐留している場所が日本の領土であることを確認しなければならない。そのためには、沖縄返還から始めるべきであった。

しかし国民は冷戦において東側に立つか西側に立つかをはっきり決めたかったのかもしれない。その意味では自由主義側に立つことが明確になったと言える。

三　日本のマルクス主義

全学連の行動は日本に残っていたマルクス主義信仰に火がついたものだと思う。

日本にマルクス主義が入ってきたのは二十世紀の初めころである。西川光二郎が一九〇二年にカール・マルクスを「人道の戦士・社会主義の父」として紹介し、一九〇四年には堺利彦と幸徳秋水共訳の『共産党宣言』が『平民新聞』に発表され、一九〇六年には堺利彦がエンゲルスの『空想的及科学的社会主義』の訳を発表している。[6] 彼らはマルクス主義を人道主義と考えていた。

マルクス主義が社会科学として注目されるようになったのは、おそらくロシア革命（一九一七）以後であった。河上肇はそのときの感激を次のように語っている。

「理論的にはいちおう納得していても、そんなことがはたして実際に実現できるものだろうかと、半信半疑の状態に彷徨していた人々も、急に、前途の光明を認めるようになった。[7]」

河上はマルクス主義が科学的に実証されたと思ったのだ。こうしてマルクス主義は科学となった。

一九二五（大正十四）年に改造社から創刊された雑誌『社会科学』の場合も、意味するところはマルクス主義、すなわちその経済理論を中心に世界観からすべての科学の分野を覆うものであった。

マルクス主義が世界観からすべての科学を包含するということの意味は、戸坂潤が『科学論』（一九三五）で説明している。それによると、認識とは実在の模写である。つまり鏡に映った実在の像と同じだから、真理とは「ありのまま」ということになる。そういうわけで、科学といっても特別な知識ではない。「観念形態としてのイデオロギーにまで客観化された知識が、いわゆる科学乃至学問なのである。[8]」

戸坂は世界観という観念を次のように解釈した。

「世界実在についての直接的な無媒介な無構成な、模写という根本的な関係をば、世界観という言葉は言い表している。[8]」

つまり世界観とは世界の模写であるという。どうしてそんなことができるのかわからないが、世界全体を写真で撮ったと想像するのかもしれない。とにかく世界をありのまま心にイメージしたものがマルクス主義の世界観である。

そして世界像とはこの世界の運動をありのままに見たものであり、ありのままに見ると世界は唯物弁証法に従っていることがわかる。だからマルクス主義世界像はあらゆる科学を含み、また世界観とも一致すると言うのである。

（念のために言っておくと、世界観とは世界についての人間の評価すなわち価値観を表し、世界像とは事実として科学的に把握された世界のイメージである。だから両者は全く違うものであり、マルクス主義は間違っている）

戸坂の言う通りだとすると、マルクスはありのままが真理であることを悟った神のような存在であり、我々もありのままに見るように修行すれば、世の中のことは何でもわかる。マルクス理論はオールマイティだと日本人は感じたことだろう。

小林秀雄は、「マルクスの悟達[9]」（一九三一）という文芸時評の中で、「弁証法的唯物論とは今日猫も杓子も口にするところである」と言っている。その上で、「レーニンの短文を約言すれば、この世はあるがままにあり、他にありようはない。この世があるがままであるという事に驚かぬ精神は貧困した精神であるということである。弁証法的唯物論なるものの最も率直な表現である。[9]」というのが小林の理解であり、これをマルクスの発見と考えて、「マルクスという人は、人間にとって最も捨てがたい根性という宝を捨てきる事が出来た達人であった[9]」と述べた。

戸坂は、人間の価値観としての世界（世界観）と事実としての世界（世界像）との違いがわからなかった。また、認識とは模写だ、ありのままに見ることだと言うが、これはヘーゲルの弁証法の考え方である。ヘーゲルは世界の運動を弁証法という形にまとめた。

「この弁証法は何らかの主観的な思惟活動が行う外的営為ではなく、内容に固有の魂なのであり、この魂が有機的に自らの枝葉と果実とを産み出すのである。主観の活動としての思惟活動は、理念の合理の固有の活動としてのこうした展開運動を、自分の方から余計な手出しなどしないで、ただ眺めていさえすればよい。[10]」

ヘーゲルの世界観によると、世界の運動の原因は理性である。理性には目的があり、それが世界に意味を与えている。理性の働きによって自然界が現れ、自然界から精神界が生まれた。

その精神界の運動が人類の世界史である。世界は理性的に進行するから、人間はそれを見ているだけでよい。哲学の仕事は理性の働きを意識し明らかにするだけである。つまり、ヘーゲルの弁証法は彼が理解した自然法であった。

マルクスとエンゲルスはヘーゲルの弁証法を利用したが、そこには明らかに問題がある。なぜかというと、世界の運動の原因が理性ではなく、物質（その意味は不明、戸坂によると哲学的に定義された物質）に変わっているからだ。実際には自然界の運動の法則は自然弁証法ではなく、物質間の相互作用による自然法則である。それは見ているだけではわからない。

丸山眞男は、『日本の思想』[11]（一九六一）で、日本のマルクス主義について次のように述べている。

「マルクス主義が社会科学を一手に代表したということは後で述べるような悲劇の因をなしたけれども、そこにはそれなりの必然性があった。

第一に日本の知識世界はこれによって初めて社会的な現実を、政治とか法律とか哲学とか経済とか個別的にとらえるだけでなく、それを相互に関連づけて総合的に考察する方法を学び、また歴史について資料による個別的な事実の確定、あるいは指導的な人物の栄枯盛衰をとらえるだけではなくて、多様な歴史的事象の背後にあってこれを動かして行く基本的導因を追求するという課題を学んだ。

第二に右のことと関連して、マルクス主義はいかなる科学的研究も完全に無前提ではあり得ない事、自ら意識すると否とを問わず、科学者は一定の価値の選択の上に立って知的操作を進めて行くものである事を明らかにした。これまで哲学においてのみ、しかし甚だ観念的に意識されていた学問と思想との切り離し得ない関係を、マルクス主義は党派性というドラスチックな形態ですべての科学者につきつけた。[11]」

第二の点を見ると、丸山がマルクス主義の主張を鵜呑みにしていることがわかる。だから科学とは事実を知るための学問であり、個々の科学者の価値観とは関係が無いということがわかっていない。彼も事実と価値の違いを意識していないことがわかる。なお厳密に言うと社会科学というものはもともと存在し得ないということも指摘しておきたい。

事実と価値の混同について、清水幾太郎は次のように述べている。

「十九世紀は、『あるもの』と『あるべきもの』との融合が著しく自覚的であり、その規模が極めて壮大であることによって際立っている。いかに自覚的であり、いかに壮大であったかは、この世紀の生んだ多くの体系によって明らかである。十九世紀から二十世紀への転換は、この自覚的で壮大な融合の、同じく自覚的で壮大な崩壊であった。[12]」

「あるもの」とは現実であり、「あるべきもの」とは人間の理想即ち価値であるが、現実の進行があるべき理想に向かっていると信じられていたのである。このことは、「理性的なものは現実的であり、現実的なものは理性的である」というヘーゲルの言葉によっても知られている。社会科学という言葉が普通に使われている理由は、十九世紀に多くの社会主義者が安易にこの言葉を使っていた名残だろう。

「一切の善いものは科学の名の下に主張され、一切の悪いものはユートピアや形而上学の名の下に嘲笑されていた。今日の常識からはナンセンスな科学としての社会主義というのが、当時の一般の常識なのであった。[12]」

ヘーゲルの世界観は自然法的進歩理論であった。世界を動かしているのは理性であり、理性の目的は精神の自由を実現するもので、その過程を表しているのが世界史であるというのである。従ってヘーゲルの弁証法はヘーゲルが理解した自然法である。

マルクス主義も自然法的進歩理論であることはヘーゲルの弁証法を、理性を物質に代えて、取り入れていることから明らかである。エンゲルスは自然法則と自然法を混同して、自然界が自然弁証法に従うと考えた。十九世紀の人々は、ヘーゲルやマルクス、エンゲルスに倣って、人間の社会も自然法則（自然法）によって必然的に変化すると考えたにちがいない。だから「あるもの」と「あるべきもの」とが一致したのだ。

日本のマルクス主義者もマルクス・エンゲルスの自然法論を科学と信じ、自然法的世界観が科学的世界像と一致すると信じた。

文献

1 神田文人著『昭和の歴史8　占領と民主主義』小学館 一九八九
2 伴野準一著『全学連と全共闘』平凡社新書 二〇一〇
3 都留重人著『日米安保解消への道』岩波新書 一九九六
4 『朝日ジャーナルの時代　一九五九―一九九二』朝日新聞社 一九九三
5 保阪正康著『六〇年安保闘争の真実』中公文庫 二〇〇七
6 石田雄著『日本の社会科学』東京大学出版会 一九八四
7 住谷一彦編『河上肇』中央公論社 一九八四
8 戸坂潤著　芝田進午解説『科学論』青木書店 一九八九
9 小林秀雄著『小林秀雄初期文芸論集』岩波文庫 一九八〇

10　ヘーゲル著　三浦和男他訳『法権利の哲学』　未知谷　一九九一
11　丸山眞男著『日本の思想』　岩波新書　一九六一
12　清水幾太郎著『現代思想　上』　岩波全書　一九六六

第三章　行政集団が自らの利益を追求する民主主義国家

一　土建国家

石川真澄は『土建国家』ニッポン」という論説を一九八三年に書いて日本を土建国家と呼んでいるが、その理由は日本が世界最大の公共投資国であり、公共事業は主として道路やダムなどの土木建設事業だからである。

一九八〇年度の日本の行政投資総額は二七兆八七六五億円で、GNP（国民総生産）の約一一・七％を占めている。世界最大のGNPを持つアメリカの公共投資は約一〇〇〇億ドルであるのに対して、日本の公共投資額はドルに換算すると一二〇〇億ドルを超える[1]（いずれも一九八〇年）。

この傾向は年を追うにつれてますます顕著になり、一九九三年には公共支出の総額は七三兆円となり、民間の住宅建設や土木工事を合わせると建設支出の総額は九〇兆円に達し、GDP（国内総生産）の約一九・一％になった。マコーマックによると、「信じられないことだが、日本の公共事業費は米国の国防費を上回っている。[2]」という。どうしてそうなったのか、それを知るために戦後の歴史を辿ってみよう。

自由主義か共産主義かというイデオロギー問題に一応の決着をつけた政府は、豊かな社会という目標に向かって経済成長路線を走り出した。この目標に対してはほとんどすべての国民が支持したから、戦後はじめて日本人は共通の目標を持ったと言える。

岸内閣の後を継いだ池田勇人内閣は、日本を農業社会から工業社会に変えるため、社会資本の充実と科学技術の振興という二つの政策を採用した。社会資本とは道路、港、工場用の土地や水のことで、それらを公共事業として政府が整備する。科学技術の振興とは、工業社会で必要な技術の開発や技術者の養成で、そのため政府は大学の理工学部を大幅に増やした。

政府は税金、財政投融資（郵便貯金、簡易保険、年金資金など）、国債などを使って業者に発注する。企業は主として銀行から資金を借りるのだが、銀行は大蔵省の監督下にある。そういうわけで行政と企業とは国民の預貯金などの財産を、国民の意思に関係無く、勝手に使って利益を追求する。このやり方は、株式を発行して一般投資家から資金を集めて事業を行うという自由資本主義とは全く違うもので、日本独特のものだから、日本株式会社と呼ばれている。

池田勇人政権の第一次全国総合開発計画（一全総、一九六二年）は基幹産業（石油化学、鉄鋼、アルミなど）のコンビナートを地方都市に建設し、大都市と地方の格差是正を目的とするものであったという。この計画が発表されると全国四十四カ所が候補地として名乗りを上げ、陳情合戦がはじまった。

「宮崎県では、日向・延岡地区の指定を有利にするために、当時の河野一郎建設相の来訪に際し、沿道の小学生に日の丸をもたせて出迎えるなど、皇太子夫妻の来県以上の歓迎をしたとつたえられている。[3]」

企業が進出したのは岡山県水島と大分（後に鹿島）だったが、地元にもたらしたものは自然破壊と公害で経済効果は小さかった。

「三大港湾はコンクリートの壁となり、市民のための海水浴場などのリクリエーション空間はほとんどなくなった。日本がその美しい内海の風景を世界にほこった瀬戸内は産業運河になってしまった。[3]」

結果から見ると、この計画は格差是正のためではなく、企業にとって便利な土地を探すためのものだった。

一九六九年、佐藤栄作内閣は新全国総合開発計画（二全総）を発表した。この計画は二十年間で四五〇兆円ないし五五〇兆円の公共事業を行って日本を一つの巨大工業都市とし、その間にＧＮＰを五倍にしようというものである。そのために日本列島を北東地帯・中央地帯・南西地帯の三つにわけ、東京・名古屋・大阪・広島を結ぶ中央地帯を一つの巨大産業都市とし、北東と南西には巨大コンビナート・大食糧基地・大酪農基地を作るというように、なんでも巨大であった。要するに日本全国をまとめて支配したいという行政集団の願望の表現である。この計画は一九七二年の田中角栄内閣の「日本列島改造論」に受け継がれたが、すでに物を作れば売れるという時代ではなかったので、企業は溢れるカネを利用して土地投機に走った。これにつられて庶民も土地を買ったので、「一億総地主といわれる状況[3]」になった。

一九七三年のオイル・ショックと巨大プロジェクトによる財政膨張によって物価が上がり、国民生活は混乱した。トイレットペーパーの買いだめ騒ぎが起こったのもこのときである。そして田中角栄のロッキード事件が起こり、二全総は消えてしまった。この計画は工業社会が永遠に発展するという錯覚から生まれた机上の空論であり、巨大戦艦大和にたとえられている。

一九七七年、福田赳夫内閣の三全総は半導体産業（特にＩＣ工場）を地方都市にもっていこうとするもので、アメリカのシリコン・バレーを真似たテクノポリス建設構想である。

「一九六〇年代の新産業都市指定争いにも匹敵するような激烈な競争を経て選ばれた二六都市は誘致する企業を満足させるのに必要なインフラ整備のために、莫大な財政負担を背負うことになった。しかも一九八〇年代後半になると、円高と国際競争力の圧力から多数のハイテク製造業が生産拠点を海外、とくに大陸アジアに移したため、テクノポリスの有利性も影が薄くなった。[2]」

一九八七年、中曽根康弘内閣の四全総は国際金融情報都市としての東京整備を掲げた。工業社会から情報社会に変化して、もう地方の土地は必要でなくなったので、東京が全国を支配するということだ。情報社会とは情報を配送する社会であり、東京が情報産業の中心になるという構想である。ところが地方自治体が反発したため、地方にリゾートを建設し、大都市住民の交通の便を考えて地方空港と高速道路を整備することになった。

リゾート法が国会を通過すると、「全国の町村、県はリゾート地域指定をめぐって激しい競争を展開し、一九八九年十二月現在、日本の全国土の二割弱がリゾート開発地域に指定された（全国の農地面積五五〇万ヘクタールに対してなんと七二五万ヘクタール）。[4]」こうしてスキー場やゴルフコースなどが乱立したが、「日本ではゴルフといえばリゾートとほとんど同義語である。[2]」と言われるのは日本のゴルフ人口が異常に多いからだろう（世界全体で約五千万人に対して日本は約千三百万人）。それだけでなく、「一九八七年から九九年にかけて、日本全国の文化会館の数は七八二から一七五一へ、図書館は一八〇一から二五三九へ、美術館は三七九から九八七へ、博物館は二三二一から五一〇九まで増加した。[4]」のである。

リゾート開発と並行してこの時代には大型の公共事業が各地で行われた。首都圏では東京湾横断道路（アクアライン）、横浜みなとみらい21など。関西では関西国際空港、テクノポート大阪、関西文化学術研究都市、泉州コスモポリスなど。「名目建設投資額は八五年には五〇兆円を切っていたが、九〇年には八三兆円に達し、建設業界は空前のブームに湧いた。[4]」

このように二十世紀末には、土建国家ニッポンは狂気のように公共工事を行い、その結果が莫大な財政赤字となって日本は破産寸前の状態になった。

二　なぜ道路を造るのか

一九五六年、有料高速道路を建設するために日本道路公団が特殊法人として設立された。建設費は財政投融資や銀行から借金し、通行料金で返す仕組みである。財政投融資とは郵便貯金、簡易保険、年金資金などを大蔵省が一手に集めて道路、住宅、地域開発などに投資あるいは融資することを言う。この方式だと政府の予算とは関係が無いので、道路工事に我々の貯金が使われていることがわからない。だから費用のことを考えずに道路を造れと要求するのだ。道路公団が特殊法人であることは道路を要求する政治家にとっても道路を造る官僚にとっても都合がいいらしい。誰がどうしてそこに道路を建設したかということがおもてに出ないからだ。しかしともかく建前としては料金収入で返済することになっているので、通行量を予測し、採算がとれる道路を造ろうということで、建設省道路局は高速道路の総延長を七六〇〇キロとする案をつくった。

ＮＨＫの「道路公団」取材班によると、一九六五年、自民党の建設部会のメンバーと建設省の幹部合わせて約二十人が「瓢亭」という料理屋に集まった。

「会議の席で建設省側が七六〇〇キロの説明を始めたところ、議員側からは一斉に猛烈な反発が出た。なかでも自分の地盤に路線の計画が盛り込まれていない議員は『こんなんじゃ俺は選挙区に帰れない』『選挙でもう落選必至だ』と激しく言い立てて収拾がつかなくなったという。[5]」

そこで建設省側は議員が要求した路線を黄色い線で二〇〇〇万分の一の日本地図に描き込んだところ、日本地図が真っ黄色になってしまった。この地図を議員に見せると、議員たちも路線の追加を断念して建設省案をのむことにしたそうだ。しかし議員は「将来追加あるべし」という条件をつけた。

七六〇〇キロの枠からはずれたところに高速道路を造るため、金丸信代議士は建設省に働きかけて、東名高速道路と中央自動車道をつなぐ国道バイパスを造らせた。高速道路と同じような規格の国道を税金で造ったのだ。そうしておいて後にこのバイパスを高速道路に格上げさせるという計画である。また、短い区間に一般有料道路を建設しておいて、後にこの道路を高速道路に組み込むという方法も考案された。一般有料道路は道路公団が建設省に申請し、局長らの裁量で決めることができる。「地元の人たちはこの道路が高速道路なのか一般有料道路なのかよくわからないので、政治家たちは地元にもアピールできる。[5]」

日本道路公団ＯＢで地元の期待を受けて延岡市長になった早生隆彦は、延岡市の南部と門川町までの全長三・七キロの一般有料道路（延岡南道路）を建設した。それは七六〇〇キロの計画にない東九州に高速道路を誘致するためだった。彼が建設省に陳情に行ったとき、道路局長が将来高速道路になり得る一般有料道路を造るよう勧めたという。ＮＨＫ取材班は延岡市役所の初代東九州縦貫自動車道路対策室長木村哲三から次のような手紙を受け取った。

「道路は人間で言えば血管です。動脈もあれば当然静脈も必要と思います。隠れ高速と呼ばれた道路（延岡南道路）は所詮静脈でしょうが、国にとって重要な血管です。高速のない地方にとって三〇兆円の借金が残って何もないより、四〇兆円になっても高速と言える道路がそこにあることの方を地方のひとは選ぶんじゃないでしょうか。[5]」

実に自分勝手な論理である。自動車専用の高速道路は、必要不必要の問題ではなく、豊かな社会の象徴になったようである。まさに国破れて道路有りということになりそうだ。

一九八七年の四全総で高速道路は一万四〇〇〇キロに延長された。この計画は四全総の「支援ネットワーク構想」によるもので、「全国的な自動車交通網を構成する高規格幹線道路については、高速交通サービスの全国的な普及、主要拠点間の連絡強化を目標とし、地方中枢・中核都市、地域の発展の核となる地方都市およびその周辺地域等からおおむね一時間程度で利用が可能となるよう、およそ一万四〇〇〇キロで形成する」[6]ということだ。二〇〇〇年四月一日の段階で施行命令が出ているのは九〇六四キロである。国道バイパスや一般有料道路などの隠れ高速も日の目を見ることになったであろう。

小泉純一郎内閣は道路関係四公団(日本道路公団・首都高速道路公団・阪神高速道路公団・本州四国連絡橋公団)の民営化を決め、民営化法案は二〇〇四年四月二十七日に衆議院を通過、六月二日に参議院を通過し、六月九日に公布された。民営化する理由は道路関係四公団の借金が四〇兆円に上ること、公団本体の職員数は一万一五〇〇人強であるが、公団のファミリー企業まで入れると五万八五〇〇人を超え、無駄が多いと考えられることである。

公団の分室は北海道から九州まで十五カ所あり、全分室に専属の調理人がつき、職員に観光での利用を呼びかけていた。維持管理はファミリー企業が請け負っているが、二〇〇三年には二億二七〇〇万円の赤字であった。この赤字は道路の建設費から補填されている。また、公団の社宅も社会的な常識から逸脱するほど多数建設されている。[6]

しかし北沢栄によると小泉内閣の道路公団民営化は「民営化の名に値しない」[7]という。その理由は、(イ)新会社は道路事業から利益を上げることを法律で禁じられている、(ロ)新しい道路建設を自主的に決めることができない、ということである。つまり道路会社でありながら、道路事業を行うことができないのだ。「新会社の経営者が利益を出そうと思うなら、サービスエリア・パーキングエリアなどで利益を上げるか、料金収受や清掃などのサービス分野で、ファミリー企業などへの委託費を引き下げるほかない。[7]」

道路公団の借金は独立行政法人「日本高速道路保有・債務返済機構」が四十五年かけて返済すること、道路建設は国土交通大臣が新会社と協議して決めることになっている。

民営化法案が成立した直後の二〇〇四年六月十五日、東京都内のホテルで全国高速道路建設協議会の総会が行われ、会長の石川嘉延静岡県知事や林幹雄国土交通副大臣が挨拶したのち、出席した政治家が高速道路整備の必要性を訴えた。そのとき片山善博鳥取県知事の意見発表はひときわ大きな拍手を受けたという。

「地域にとって本当に必要な道路の整備を東京で訴えても最初のころは地域のエゴだと一

蹴される始末だった。一挙に整備が進まないからということで待たされた地域もある。しかし、待たされたところがさらに不利な条件を被されることはあってはならない。[5]」

知事がこんなことを言うようではこれからも採算を度外視した高速道路が造られることだろう。

どうして日本が土建国家になったかというと、行政集団が利益を得るからである。

「政治家にとって地元選挙区の建設業者は、選挙の際に票のとりまとめをしてくれる存在であると同時に、政治献金をしてくれるスポンサーでもある。さらに地元に高速道路を誘致した政治家はそれが実績として選挙の際のアピールにもなる。[5]」

それだけでなく政治家には公共事業からの直接収入もある。

「二〇億から三〇億規模のすべての公共事業の契約金額の一%、そして一〇〇億円を超える契約については〇・五%が政治家に祝儀として届けられていたことが判明した。すなわち大口の受注はその政治的後援者に二億から三億円、場合によっては一〇億円もの利益をもたらすのである。公共事業予算の規模を考えれば、これは毎年三〇〇〇億円を超える資金が公共的使途から、政治的あるいは個人的使途に流れているということになる。[2]」
一方、官僚には土建業者、特殊法人、独立行政法人などに天下る場所が用意される。

「一九九四年には、建設省を退職した五一一名の元官僚のうち実に二〇四名が直接大手ゼネコンか関連第三セクターの快適で高給を得られる地位に絹のパラシュートで天下ったのである。[2]」

特殊法人が省庁の出先機関であることは次の記述からわかる。

「過去五年以内に道路公団が発注した一〇億円以上の大型工事を受注した企業は、二二〇社。このうち公団ＯＢの天下り企業は一七六社。割合にして八〇％にのぼる。[5]」

「高速道路の建設事業は、こうした大手企業が受注し、その下で多くの下請け企業が仕事を分け合い、さらにその下で地元の孫請けの企業が建設にあたるという構図になっている。[5]」

こういう事実から次のように結論することができる。行政集団すなわち政治家と官僚は国民の財産を使って公共事業を行い、その事業費の一部を利益として受け取っているということである。おそらく彼らは自分たちの手にするカネが国民の財産であるということを忘れているのだろう。だから財政赤字にも責任を感じないのだ。しかし実際は犯罪行為に等しい。

三　功利主義の罠にはまった日本人

前節で政治家と官僚が行政集団として利益を追求していることを述べたが、このような行動は功利主義と呼ばれ、英米人を支配していた（あるいは現在も支配している）思想である。イギリス人ジェレミイ・ベンサム（一七四八－一八三二）は人間を次のように定義した。

「自然は人類を苦痛と快楽という、二人の主権者の支配のもとにおいてきた。われわれが何をしなければならないかということを指示し、またわれわれが何をするであろうかということを決定するのはただ苦痛と快楽だけである。[8]」

人間のすべての行動は快楽と苦痛に支配されていると考えるから、利益と不利益、善と悪、正と不正、幸福と不幸なども基本的には快楽と苦痛に還元される。こういう関係をベンサムは功利性の原理と名付けた。功利性の原理を主義とすることが功利主義である。

功利性の原理は最大幸福の原理とも呼ばれたが、それはその利益が問題となっているすべての人々の最大幸福を人間の行為の正しく望ましい目的であると主張するからである。最大幸福ということは各人の幸福の和を最大にするということだから、幸福は計算できると考えている。幸福は快楽と同じと考えて、ベンサムは快楽の計算法を考えた。清水幾太郎著『倫理学ノート』[9]によると、結局、ベンサムは貨幣が快楽を生む唯一の現実的手段であることを認めた。「快楽と快楽との比が金額と金額との間の比に等しい、ということは、実践にとって十分に真理である。[9]」要するに幸福はカネで買えるということだ。

ジョン・スチュアート・ミル（一八〇六－一八七三）は『功利主義論』（一八六三）を発表し、いろいろな非難に対して功利主義を擁護している。たとえば、人生には快楽よりも高貴なものがあるのに、あらゆる行為を快楽とするのは豚向きの学説だという批判に対して、快楽には高級なものと低級なものがあるという反論である。ミルが強調しているのは、功利主義の基準は、行為者自身の最大幸福ではなく、幸福の総計の最大量であるということだ。そうすると、他人のために犠牲になることも功利主義道徳に含まれるということである。それではどれだけの人の幸福を考えたらいいのか。「功利主義が世界全体とか社会全体という広範な一般性を念頭におくことを人々に要求していると考えるのは、功利主義の考え方を誤解するものである。[8]」とミルは言う。為政者などその行為が社会全体に影響を及ぼすような人は別にして、「一般の人々はすべて私的な功利、ごく少数の人々の利益や幸福を考えておけば十分である。[8]」と言う。

ミルの言う通りだとすると、功利主義とは各集団がそれぞれの利益を追求することである。

ジョン・メイナード・ケインズの『若き日の信条』（一九三八）から功利主義に関する部分を引用する。

「われわれは、われわれの世代の中でベンサムの伝統から脱出しえた最初の、また多分唯一のグループだったのである。もちろん、実際は、少なくとも私に関するかぎり、外の世界を忘れたり、否認したわけではなかった。しかし、ここでは、つきつめた瞑想と深い内省の生活が、ほかのあらゆる目的を排除する傾向にあった青年時代に、われわれの理想がいかなるものであったかを回想してみようと思う。

ベンサム主義の伝統から脱出しえたことが、われわれに大きな便益をもたらしたのはなぜかを説明しようとすることは、この回想記のねらいとするところではないが、今日では私は、ベンサム主義的伝統こそ、近代文明の内部をむしばみ、今日の道徳的退廃に対して責任を負わなければならない寄生虫であると考える。われわれは、キリスト教徒を敵と見なしていた。というのは、それが伝統と因習と呪術の代弁者として現れたからである。しかし、一般の人々の理想の質を破壊しつつあったのは、経済的基準の過大評価に基づいたベンサム流の計算だった、というのが真実である。[10]」

この話から私は次のように感じた。すなわち、人々は快楽は善であり、幸福であるという功利主義にとびついた。しかし、その本質が貨幣一元主義であることには気がつかなかったということである。貨幣一元主義とは、人間も含めてすべての物事の価値をカネで測るという意味だ。

ベンサムは道徳科学を創造するという誤った目的を立て、人間は快楽と苦痛にのみ支配されるという間違った単純化を行った。人間の価値観は多様であるのに、それを快楽だけに絞ってしまったから、人間が求める幸福も快楽と同じものになってしまった。しかも快楽がカネで買えるとなると幸福もカネ次第となる。それが功利主義すなわちベンサム主義の世界であり、日本の現状はそれに近いというか、むしろベンサム主義に染まってしまっていると感じる。カネで買う快楽と言えば肉体的な楽しみだろう。精神的な快楽は、どんなものかわからないが、商品にはなるまい。だからベンサム主義は肉体主義であり、これも現代の風潮である。

私の考える幸福とは人とのふれあいの中にあり、人を愛する、信じる、尊敬するなどの能動的な心の働きがなければ幸福感は生まれない。刺激に対する反応としての快楽は幸福とは関係がないと思っている。しかし、アランの『幸福論』を見ると、「自分が好きでやっているこういう仕事は楽しみであり、もっと正確に言えば、幸福である。[11]」とある。だから幸福は人それぞれである。

四　行政改革は可能か

第一次臨時行政調査会（第一次臨調）は佐藤喜一郎（三井銀行会長）を会長とし、「国民のための行政改革」をスローガンにして一九六二年二月に発足した。[12]行政機構が戦前の体制を受け継いでいたので、民主的な体制に変えるのがこの改革の目的だったと思う。つまり行政には「国民のため」という視点が欠けていたのだ。第一次臨調は一九六四年九月に最終答申を池田勇人首相に提出した。その主眼点は、「総合調整の必要とその機能の強化、行政における民主化の徹底、行政の過度の膨張抑制と行政事務中央遍在の排除、行政運営における合理化・能率化の推進、新しい行政需要への対策、公務員精神の高揚[13]」である。立派な答申だったが実行されなかった。

その後、政府はＧＤＰ至上主義に陥り、不景気になると景気回復のためと称して公共事業を乱発したため深刻な財政赤字を抱えるようになった。一九八一年三月に発足した第二次臨時行政調査会の会長は経団連会長を務めた土光敏夫である。土光夫妻がめざしを食べている光景がテレビに流され、土光臨調は国民に期待された。第二次臨調は増税なき財政再建、国鉄・電電・専売三公社の民営化、補助金・特殊法人の整理などを答申して一九八三年三月に終了し、その答申を実行するために臨時行政改革審議会が置かれた。この行革は中曽根康弘首相と土光会長のリーダーシップの下に行われ、「とくにＮＴＴとＪＲの成立は、戦後史のなかでも特筆すべき大事件であった。[3]」とされる。

一九八五年、日本専売公社は日本たばこ産業株式会社となり、日本電信電話公社は日本電信電話株式会社（ＮＴＴ）に変わり、いずれも特殊法人として出発した。三七兆円の借金を抱えた日本国有鉄道は一九八七年に日本国有鉄道清算事業団とＪＲに分割民営化された。国鉄の借金一一兆六〇〇〇億円はＪＲ各社に残り、二五兆五〇〇〇億円は日本国有鉄道精算事業団が負担するが、「結局は一四兆七〇〇〇億円は国民の負担で処理することになった。[3]」のだ。ところで日本鉄道建設公団がＪＲと関係無く鉄道を建設するのであれば、鉄道事業全体が民営化されたとは言えない。

一九九〇年十月に発足した第三次臨時行政改革推進審議会は、予算編成を内閣で行うようにするため、内閣予算局の設置を答申に盛り込むつもりだったが、族議員と手を組んだ大蔵省に強引に押し切られ、現状通り大蔵省の予算編成を認めてしまった。また、特殊法人の廃止や民営化の対象として九法人に絞り込んでヒアリングを予定していたところ、「驚くべき事に、そのヒアリングを、官僚側はいっせいにボイコットしてきた」[14]のである。そのため特殊法人廃止の答申を行うことができなかったということだが、随分なめられたものだ。

一九九六年十一月二十九日の臨時国会で、橋本龍太郎首相は「国民本位の行政改革を中央省庁の再編を中核として進めてまいります」と言った。今度はやってくれるかもしれないと期待したが、橋本は省庁の機能だけを問題にし、そのあるべき姿という理想は持っていなかった。そうすると「国民本位」も言葉だけで具体的な政策は無かったことになる。だから改革といっても省庁をまとめて数を減らすだけのことになってしまった。公共事業を行う省は国土交通省として、建設省、運輸省、国土庁、北海道開発庁を統合した巨大官庁となった。

「建設大臣時代にミスター公共事業として剛腕をもってならした亀井静香議員すら『あまり巨大すぎて、だれもコントロールできなくなる』、『行革だって、省庁の数合わせだけ先にきめて、行革の中身をどうするかを後回しにしてしまった。建設省と運輸省と国土庁をいっしょにして国土交通省とするなど、でっかい役所ができるだけの話だ。これでは大臣、政治家のコントロールがきかなくなり、ますます役所が威張るだけだ』と慨嘆している。[15]」

この橋本行革のときにサッチャー政権の真似をして作られたのが独立行政法人である。行政改革会議で行政のスリム化が議論されたとき、官僚側から提案されたものらしい。一九九七年十二月、橋本首相直属の審議機関「行政改革会議」の最終報告で行政のスリム化と特殊法人改革の一環として独立行政法人制度の導入が提唱された。

二〇〇一年四月、森喜朗内閣は五十七独立行政法人を政府の直営事業から分離して設立した。二〇〇四年、小泉純一郎内閣のとき、国立大学八十九校が独立行政法人となり、百四十四の国立病院・療養所が一つの独立行政法人に統合された。

独立行政法人は政府からの補助金で公共的な事務・事業を行う。職員は国家公務員であるものと、非公務員のものとに分かれている。ところが国家公務員であるにもかかわらず、政府は独法の職員を国家公務員の削減数に含め、あたかも行政がスリム化したように見せた。また、常勤役員の年俸は大体一五〇〇万円から二〇〇〇万円程度で非常に高く、官僚の天下り先になっている。中には産業技術総合研究所のように理事長の年収が二六五〇万円というのもあった。北沢栄によると「役員の九割超が天下り」[7]ということだから、独立行政法人は特殊法人改革を利用した官僚の天下り先拡大であった。

小泉純一郎首相は道路公団民営化と郵政民営化を試みたが、道路公団については既に述べたので、ここでは郵政民営化について述べる。

「郵便貯金、簡易保険で積み立てられたお金の総額は３５０兆円にのぼります。以前は、この資金を財政投融資の仕組みを使って、道路公団や住宅金融公庫などの特殊法人の事業などに使ってきました。

特殊法人改革は、財政投融資のお金の使い道の部分の改革ですが、郵政民営化は、このお金の流れの元の部分からの改革なんです。[7]」

このように小泉首相は言ったが、特殊法人に流れるお金をどう変えるのか、また、郵便貯金の三〇%は国債や財投債に使われているのに、その部分については何も言っていない。ところで郵便貯金会社と郵便保険会社は民営化されても総務省に属する持株会社が株の三分の一を持つことになったから、実質的には民営と言えない。しかも貯金会社も簡保会社も巨大であるため、もしそのお金が民間企業を支配することになると、民間の金融機関は押しつぶされてしまうだろう。北沢の言うように、金融社会主義となり、自由主義経済を破壊するおそれがある。

小泉改革は何だったのか。道路公団改革は四十五年先にならないとどうなるかわからないし、郵政改革は国民資産を政府が使うということでは何も変わっていない。

これまでの経過を見ると、官僚は既得権益の維持と拡大をもくろむのに対して政治家は何もできない。これでは改革は不可能で、日本は破産するだろう。第一次臨調の答申にあった行政の民主化はどうなったのか。行政の民主化とは中央集権制を改めて地方分権を進めることで、地方自治体を地方政府に変えることだ。しかし都道府県の独立要求は無い。道州制という考え方もあるが、これも知事たちが乗り気ではない。知事が減っては困るからだろう。結局、政治の民主化の筋道を示し世論を誘導する人が必要であるが、そういう人はいない。大学教育は、一九六〇年代と同じように、企業に人材を供給する体制のままだとみえて、学生は就職のことしか頭にない。戦後始まった民主政治は我々日本人にとって初めての経験だから、その意味がよくわかっていないということも考えられるが、それなら日本人に適した政治制度を採る方がいいと思う。必ずしも欧米的な政治制度を真似る必要はない。

文献

1　石川真澄著「『土建国家』ニッポン」『「世界」主要論文選』　岩波書店　一九九五
2　ガバン・マコーマック著　松居弘道・松村博訳『空虚な楽園』　みすず書房　一九九八
3　宮本憲一著『昭和の歴史10　経済大国』　小学館　一九九四
4　小熊英二編著『平成史』　河出ブックス　二〇一二
5　ＮＨＫ報道局「道路公団」取材班著『日本道路公団　借金30兆円の真相』　日本放送出版協会　二〇〇五

6　武藤博己著『道路行政』　東京大学出版会　二〇〇八
7　北沢栄著『静かな暴走　独立行政法人』　日本評論社　二〇〇五
8　関嘉彦編『ベンサム／J・S・ミル』　中央公論社　一九七九
9　清水幾太郎著『倫理学ノート』　講談社学術文庫　二〇〇〇
10　宮崎義一・伊東光晴編『ケインズ／ハロッド』　中央公論社　一九八〇
11　アラン著　神谷幹夫訳『幸福論』　岩波文庫　一九九八
12　五十嵐敬喜・小川明雄著『議会　官僚支配を超えて』　岩波新書　一九九五
13　増島俊之著『行政改革の視点と展開』　ぎょうせい　二〇〇三
14　松原聡著『特殊法人改革』　日本評論社　一九九五
15　五十嵐敬喜・小川明雄著『市民版行政改革』　岩波新書　一九九九

第四章　科学不信から神秘主義へ

一　科学と価値観

第二次大戦後、人々は原子爆弾やナパーム弾などの新兵器開発に科学者が動員されていることや経済成長に伴う環境汚染（日本では公害）に抗議するとともに、現代の体制に組み込まれた科学そのものに欠陥があるのではないかと疑うようになった。広重徹によると、「アメリカの若者のあいだでは反科学、非合理へのもたれ込みが流行となっている。占星術に一年間に投資される額が天文学への研究投資の一〇ないし二〇倍に達するといわれるほどである。[1]」という。そういう風潮からニューサイエンス（ニュー・エイジ・サイエンス）と称する新科学運動が発生した。

藤井陽一郎によると、カリフォルニア大学の物理学者フリチョフ・カプラは物理学の還元主義を非難し、全体を直視的に把握する全体主義を主張している。また、ロンドン大学の物理学者デイヴィッド・ボームは現実の世界の背後にある霊が物質を動かしているという。「霊（スピリット）は、根本的にはそれ自身は顕示化しないが、顕示化するものを動かすものであり、物質を超えて物質を創造するものと考えている。[2]」ニューサイエンスはこの他にもいろいろあるようだが、基本的には科学の意味を理解していないことからくるのだから、今後もこういう運動は起こる可能性がある。

科学とは世界についての知識であり、客観的事実を論理的に説明するために築かれてきたものである。この知識を基に描かれる世界が世界像と呼ばれる。これとは別に、たとえば天国とか極楽浄土のように、人間の価値観に基づく世界の分析がいろいろあるが、これらが世界観と呼ばれるものである。このように世界像と世界観は全く異なるものである。この区別が明確に意識されていなかった時代に、世界像と世界観を混同した典型的な例としてマルクス主義を取り上げよう。

一八四八年にマルクスとエンゲルスは『共産党宣言』を発表し、ブルジョアの没落とプロレタリアの勝利を予言した。ブルジョアとは工業的百万長者、全工業軍の司令官で、プロレタリアとはブルジョアの指揮によって工業生産に従事する工場労働者である。

その後マルクスは、これが単なる予言ではなく論理的必然であることを示すために唯物史観を発明した。そこでは商品の生産などの経済が社会の基盤をなし、政治・道徳・宗教・科学・哲学・芸術などは経済によって規定されると考えている。

一八八〇年にエンゲルスはその著『空想より科学へ』において、「この二大発見、すなわち唯物史観と、剰余価値による資本主義的生産の秘密の暴露とは、われわれがマルクスに負うところである。社会主義はこの発見によって一つの科学となった。」[3]と誇らかに宣言した。
このようなマルクス主義の理論はマルクス・エンゲルスの価値観であり、唯物史観は一つの世界観であって科学ではないが、仮にエンゲルスの主張を信じるとどうなるか。現代科学は資本主義経済によって規定されているブルジョア科学である。このブルジョア科学が人類の危機の元凶であるから、プロレタリア科学を建設しなければならない、ということになるだろう。つまり価値観を科学と思うなら現代科学とは違う科学が出てきてもおかしくない。このように新しい科学運動は、事実と価値を区別して理解できなかったことから起こったものと思う。

二　水俣病と科学者

宇井純は、『公害の政治学　水俣病を追って』において、水俣病の原因をめぐって科学者の意見が割れたことから、「これまで神聖と考えられてきた科学が、実は権力と金力の走り使いになってしまった」[4]と嘆いている。何があったのかを知るために、彼の報告を読むことにする。

一九五六年五月、水俣市の新日本窒素肥料水俣工場付属病院に奇妙な患者が運ばれてきた。「うつろな眼を開き、よだれをたらし、犬の遠吠えのような声を出して狂いまわる。発作の静まったときにも手足はたえまなくふるえている。眼も耳もやられているらしく、医師の問いかけにも、何の反応も示さない。」細川院長は保健所に報告し、「奇病対策委員会」が組織された。委員会は患者が水俣湾周辺の漁民集落に発生していること、発生は一九五二年からであること、をつきとめた。細川院長と保健所の伊藤所長は相談のうえ、熊本大学医学部に細菌やビールスの衛生試験を依頼した。細川と伊藤は猫が狂って海に飛び込んで死ぬことを知り、人間と猫の共通食物として魚に気づいた。

一九五七年一月に東京の国立公衆衛生院で開かれた会議で、熊本大学を中心とする厚生省の研究会は、「魚介類中の重金属が原因として疑わしい」[4]と結論した。しかし日窒工場が長年にわたって垂れ流した工場排水がたまった泥の中には多くの重金属が溜まっていて、どれが原因か見当がつかなかった。

一九五八年、アメリカの研究者二人とイギリスのマックアルパインが水俣病調査のため水俣に来た。マックアルパインは帰国後イギリスの『ランセット』誌に、水俣病によく似た症状はメチル水銀で起こったことがあると報告した。熊本大学はマックアルパインの報告からイギリスにおけるメチル水銀中毒の古い報告を知った。

一九五九年の春、熊本大学の研究者は有機水銀を使って動物実験を行い、メチル水銀とエチル水銀だけが水俣病を引き起こすことを確かめた。そして新日本窒素肥料水俣工場の工程を調べてみると、塩化ビニルと酢酸の二つの製造工程で水銀を触媒として使用していることがわかった。しかし使用しているのは無機水銀である昇汞であった。これがおそらく海中でメチル水銀に変化するのだろうと熊本大学の研究者は推測した。

七月二十二日に熊本大学が有機水銀説を研究会で発表することにしたところ、『朝日新聞』がこれをスクープし、一九五九年七月十四日号に、水俣病の原因は有機水銀であることを熊大研究班が確認したと報告した。これに対して新日窒側は、工場から無機水銀が出ていることは認めるが、海中で有機水銀に変わるという証拠はないと反論した。

業界団体である日本化学工業協会の大島理事は、戦時中に袋湾（水俣湾より少し南）に捨てられた航空爆弾が年月を経て海中で腐食し、昭和三十一年に内容が溶けだして病気を起こしたという新説を発表し、新日本窒素肥料を擁護した。県が終戦時の関係者を捜し出して聞いたところ、爆弾を捨てた事実はないことがわかった。大島理事の話は根拠のない作り話であった。

一九五九年十一月十二日に厚生省の食品衛生調査会は熊本大学の主張を認め、

「水俣病は水俣湾及びその周辺に棲息する魚介類を多量に摂食することによっておこる、主として中枢神経系統の障害される中毒性疾患であり、その主因をなすものはある種の有機水銀化合物である」

という答申を出したが、厚生大臣は翌日、調査委員会を解散してしまった。[5] 通産大臣池田勇人が厚生大臣に圧力をかけたということだが、池田にとっては国民より企業の方が大切だったのだ。

一九六〇年四月、東京工業大学教授清浦雷作は有毒アミンが水俣病の原因という説を発表した。水俣の貝を酸素で加水分解した成分をネズミに注射すると水俣病によく似た病気を起こすが、この成分には水銀は含まれていないから、水俣病と水銀は関係ないという主張である。

同じ頃、東邦大学教授戸木田菊次もアミン説を発表した。腐りかけた魚の煮汁を飲ませた猫が狂ったことから原因物質として有機アミンが最も疑わしいということだが、猫の病気が水俣病だという証拠は示されていない。

通産省はアミン説を支持し、厚生省調査会の有機水銀説と対立して政府見解はまとまらない。そこで経済企画庁が主管する「水俣病総合調査研究連絡協議会」が学識経験者を集めて結論を求めた。この協議会は一千万円を超える調査費を使いながら何も結論を出さずに自然消滅したという。どうして東工大と東邦大からほとんど同時にアミン説が出てきたのか。「協議会」に集まった学識経験者の発言を知りたいものだ。

メチル水銀が酢酸工場のアセトアルデヒド合成工程の排水中に存在すること、つまり新日本窒素肥料の工場排水の中に存在することを熊本大学研究班がつきとめたのは一九六二年であった。しかし、政府は有機水銀説を認めなかった。

「一九六八年、政府はやっと水俣病をチッソの公害とみとめた。それは石油化学が電気化学を駆逐したために採算が合わなくなったチッソが、アセトアルデヒドの製造を中止した後であった。[5]」

「神聖と考えられる科学」という言葉は、日本人にとっては科学も宗教と同じように信仰であることを意味するのだろう。そうすると、進化論も信仰であり、仏教や人権思想も信仰であるから、お互いに独立した価値観と考えるなら、これらは矛盾しないことになる。

三　魂の科学

河合隼雄が『宗教と科学の接点』を発表して魂の科学を提唱したのは一九八六年のことである。それによると、一九八五年四月に京都で第九回トランスパーソナル国際会議が開かれたということだが、この会議は、「人間は最も根本的な基層においては共通なものを有しているという認識の上に立っている[6]」と言う。人間の根本的な基層とは魂のことだとすると、魂の普遍性を議論するのがトランスパーソナル国際会議だということになる。もし普遍的な魂が存在するかどうか確かめようとするのであれば、それは科学の問題になるかもしれない。しかし河合は魂は存在すると決めている。

「人間存在を全体として、たましいということも含めて考えようとすることは、宗教との必然的なかかわりを生ぜしめる。しかし、そこであくまでもたましいの現象を探究してゆこうとする態度は科学的と呼んで差し支えないものであり、ここに科学と宗教の接点が生じてくるのである。[6]」

魂の科学というと人間の科学ということになるが、今のところ科学は心や魂を理解するところまで進んでいない。しかし河合はそうは思わなかった。

魂は現代の科学から抜け落ちていると河合は考えた。どうしてそうなったかというと、デカルトが人間を心と物に分けてしまったからである。

「デカルトの切断によって、すべてのことが明確になったが、それによって人間存在のもつ大切な何かが消え失せたのではないか。その大切な何かがたましいであり、デカルト的切断の明確さに対応するために、それはあいまいでなければならないのである。[6]」

デカルトは世界に存在するものは神と精神と物体であるとし、「私」は精神であると断言した。私の身体は物体であり、人間以外の動物も物体である。動物が運動するのは時計のような自動機械だからである。デカルトは精神を魂と同一視し、精神は不滅だと信じている。決して魂を忘れたわけではない。魂が消えたと河合が言う理由は彼の科学に対する見方にあった。

デカルトは、私は精神であると規定し、精神は神から授けられたものとした。そうすると私と私の両親とのつながりはほとんどない。両親と私とのつながりは、物体である身体を与えられただけであるとデカルトは考えた。そうするとこの広い世界において私は他の人間から独立した個人となる。西洋近代における自我はこのようにして確立された。

「このように他と切り離して確立された自我が、自然科学を確立するための重要な条件となっていることは容易に了解できるであろう。つまり、このような自我をもってして、はじめて外界を客観的に観察できるのである。[6]」

これは間違いである。前著で説明したが科学的客観性とはこのようなものではなく、誰でも繰り返し観測できることを言う。[7] 河合のように独立した人が世界を見ることは主観的な見方であって客観性があるとは限らない。

河合は魂の現象として共時性と瀕死体験を述べているが、瀕死体験は幻想的で客観性に欠けるから科学の対象にはならない。しかし共時性は因果性とは異なる新しい原理ということだから検討しなければならない。共時性とは、普通は偶然の一致と思っている現象を、意味のある一致すなわち何らかの理由で必然性があると考えることである。

一つの例をあげると、ユング（一八七五－一九六一）が治療していた女性が黄金の神聖甲虫を与えられるという夢を見た。彼女がその話をユングにしているときに、神聖甲虫によく似ている黄金虫が窓ガラスにコンコンとぶつかってきた。この夢と現実との一致を、確率の問題とは考えず、必然的な事件と考えて共時性と呼ぶのである。共時性は心の中に存在する元型によって起こるとユングは解釈した。

ユングは、人間の心には人類共通の集合的無意識が存在し、これは遺伝によるものと仮定した。さらに集合的無意識は元型によって構成されると仮定した。元型は人間の本能行動を導くイメージ・パターンである。つまり本能的行動にイメージを与え、その行動のパターンを指示するものであって、元型という実体があるわけではない。これが人類共通だとすると、現人類がアフリカで誕生したときに遺伝子に組み込まれていたと想像することができるが、いずれにしてもユングの元型は仮説である。

神聖甲虫の事件に対するユングの解釈は、「患者の神聖甲虫の夢は、翌日に起こる状況の先取り、すなわちその夢を述べているときに甲虫がやってくるということの、すでに存在している無意識的なイメージから生じた意識的な表象なのである。[8]」ということだ。無意識的なイメージが即ち元型である。つまり患者の心の中の元型は甲虫が飛んでくることを予知する能力があると考えている。この予知が、単にそうなるだろうという予想であれば、いろいろな未来予測と同じような確率の問題となるから、それとは違って、必ずそうなることを知っていなければならない。そうでないと共時性という原理を主張する意味がない。

他の例として、遠くで起こったことを知るということがある。

「ユングが旅行中に、ホテルで夜中に目が醒めた。誰かが部屋に入ってきたような気がしたが、明かりをつけると誰もいなかった。彼は額と後頭部に非常な痛みを感じて目が醒めたことに気づいた。翌日彼の患者が銃で自殺したという知らせがとどき、弾丸が額を貫き後頭部で止まっていたと知らされた。[8]」

これもユングの共時性という解釈では、元型が遠く離れた外部の出来事を感知し、本人の意識に伝えたということになる。

ユングの元型は未来の事件や離れた場所で起こった事件を知る能力があるわけだが、科学的には考えられないことで、神秘的な超能力と言わざるを得ない。しかし河合は次のように言っている。

「既に述べたような開かれた態度によって治療者が接すると、それまでに考えられなかったような現象が生じ、そこにはしばしば共時的現象が生じる。その現象は因果律によっては説明できない。しかしそこに意味のある一致の現象が生じたことは事実である、そのことを出来るかぎり正確に記述しようとしたとき、それは科学なのであろうか。それは広義の科学なのだという人もあるだろう。しかし、それはまた広義の宗教だとも言えるのではなかろうか。[6]」

心は実体ではなく、物質で構成された身体の機能であるから、科学の法則に従っている筈である。だから心の中の元型にユングが示唆するような能力があるとは考えられない。従ってユングの共時性は科学ではない。それを信じることは信仰と同じ態度であるから、宗教と言えるかもしれない。

河合はユングの共時性を科学と信じ、そこに科学と宗教の接点があると思ったのだろう。しかしユングの理論は心の無意識の部分が超能力を持つという仮説であった。

四　オウム真理教と神通力

一九九五年三月二十日、霞ヶ関を通る地下鉄車内にサリンが撒布され、通勤客・駅員など十一人が死亡、五千人以上が負傷するという惨事が起こった。麻原彰晃を教祖とするオウム真理教の信徒の犯行だったが、その後の報道によると、信者の中には大学の理学部・工学部・医学部などを卒業した人たちがいることに驚いた。そういう教育を受けた人がなぜオウム真理教を信じたのかわからなかったからだ。それでサリン事件の実行犯林郁夫の『オウムと私』[9]を読んだ。

林郁夫は一九四七年に開業医の子として東京で生まれた。彼は患者に接して働く父母を尊敬し、高校のとき医者になろうと思った。その頃、「世の中のすべてを包括的にかつ総合的に説明できて、解決に導くような法則はないものだろうか」[9]と考えたという。戦前の旧制高校は人生観や世界観を考える時間を与えてくれたが、戦後の教育体制にはそういうものがない。林はその問題を深く考えることなく慶應大学医学部に入学した。そして医学部三年目のころ、ヨーガの本を読み、ヨーガ行者の超人的体力や精神能力に興味をもった。そして毎日「ハタ・ヨーガのメニューをこなしていく」ようになった。だがヨーガに関する古代インド人の信仰については何も考えていないようだ。

林は大学を卒業して心臓外科医になった。そして一九七四年の正月、東海村の国立療養所晴嵐荘病院から実家に戻ったとき、薬師寺管長高田好胤の話をテレビで聞き、仏教に惹かれた。それからは議論する友もなく、相談相手もなく、一人で仏教の本を読んだ。そして高校時代に夢想していた宇宙の法則が釈迦の悟りの中にあると思い込んだ。

「釈迦が到達した解脱という境地で、釈迦に悟りをもたらせた知恵によって、個としての人間や、種として社会を形成する人類が、まだ答えられず、解釈できずにいる問題は、互いに関連づけられて統合的に把握され、解答を与えられるのではないか、それが私が法則と考えていたものに相当するのだと思いました。[9]」

釈迦の解脱が急浮上してきたのだが、解脱の意味について考えた形跡は無い。林は解脱という言葉の虜になった。

一九七六年十二月に桐山靖雄著『密教入門 —— 求聞持聡明法の秘密』を読むと、釈迦がヨーガの瞑想法によって知恵即ち神通力を得て解脱したことが説明されていた。釈迦が体得した知恵とは神通力のことだった。また、神通力を体得して人類がかかえる諸問題を解決するという道筋も提示されていた。

こうして林の人生観が具体化された。すなわち、ヨーガの修行によって神通力を得て解脱し、人のためにつくすということである。要するに林自身が菩薩になるということだが、自分が観音菩薩になることを想像できただろうか。しかし、そういう反省はない。

一九七七年五月、林は桐山教団の信徒になる。

一九七八年四月、桐山は阿含宗を立てた。「俺についてこい。解脱させるぞ。」「釈迦を世に出すのだ。それが私の使命だ。」「釈迦の成仏法を私は修得している。さあ私についてこい。」桐山は信徒にこう言ったそうだ。

一九七八年十二月から一九八一年四月まで、林はアメリカのデトロイトにあるサイナイ病院外科研究所に出張し、アメリカ滞在中の一九八〇年に結婚、長女が生まれた。

一九八一年に帰国して済生会宇都宮病院心臓外科に勤務した。阿含宗は信者が増えてすっかり変わっていた。

一九八三年、国立療養所晴嵐荘病院に転勤し、新設の循環器科医長になる。後にオウム真理教の信徒になり、出家するまでこの仕事を続けた。

一九八六年、桐山が講話の中で「私は死ぬ前には解脱できるだろう」と言ったのを聞いてショックを受けた。それは話がちがう、そんなことでは桐山についていっても解脱できないのではないか。

一九八八年、オウムの機関誌『マハーヤーナ』を見ると、麻原彰晃が弟子の石井久子、大内早苗、岡崎一明をクンダリニー・ヨーガとラージャ・ヨーガで成就させていたことがわかった。林は石井久子の笑顔の写真を見てうらやましかった。麻原が釈迦のような解脱者で、自分の生命エネルギーを使って人を解脱させ、人の幸福のために命を賭けて努力する人物だと林は思った。

オウムの修行はいくつかの段階から成っていて、下から順に、ラージャ・ヨーガ、クンダリニー・ヨーガ、マハームドラー・ヨーガ、大乗のヨーガ、アストラル・ヨーガ、コーザル・ヨーガ、そして最終解脱という各ステージで構成されている。各ステージを卒業することを成就と称する。つまり階段を一段上がることが成就で、最後に解脱するという仕組みだ。[10]

一九八九年二月、林はオウムに入信し、二週間後には妻と娘も入信させた。その年の十一月に坂本弁護士事件が起こった。この事件を林は、オウムがそんなことをする筈がない、裏で誰かがマスコミを操作してオウムをつぶそうとしていると思った。オウムは正しい、社会が悪いと受け取ったのだ。現代社会では、人は地位や名誉、お金や快楽を追い求め、その場その場を楽しむだけで老いて死んでいく。それとは一八〇度異なる方向に釈迦が教える「慈しみの溢れる社会」がある。林はそんなふうに仏教の世界を理想化し、麻原とオウム教団を守りたいと考えた。この年十一月、麻原から「そろそろ出家しませんか」と言われて「お願いします」と答えてしまった。

一九九〇年一月、林は病院を退職し、五月に出家した。嫌がる妻を強引に説得して、妻子を和歌山道場に送り届けた。出家に当たってマンションを売った金を含めて八千万円近くの金と自動車二台を布施としてオウムに納めた。その後、修行によってクンダリニー・ヨーガの成就者と認定され、教団の病院で働いた。そうなると家族を人質に取られたようで、麻原の命令に背くことができなくなった。

一九九五年三月十八日、林郁夫、林泰男、広瀬健一、横山真人の四人が村井秀夫に呼ばれ、「近く強制捜査がある。騒ぎを起こして捜査のホコ先をそらす。地下鉄にサリンをまいてもらいたい」と言われた。目標はオウムをつぶそうとしている国家権力の代表者たちで、彼らは地下鉄を利用して霞ヶ関で降りるという説明だった。林はオウムを守るためと思って承諾した。「一言でいえば、私は麻原を信じていました。」「私の意識のなかでは、死ぬのは国家権力の代表者たちという回路が固定されてしまい、短絡されてしまったのだと思います。サリンをまくことで亡くなる人たちが、普通の人たちであるという当たり前のことに気づかなくなったのです。」[9]

林郁夫は仏教で神通力と呼ばれる超能力を信じたが、超能力と医学との関係については何も言っていない。神通力も外科手術も同じ技術だと考えていたとしたら、科学も宗教と同じように信じるものと思っていたことになる。

五　神通力について

神通力は仏教の本質をなすもので、これなくしては悟りも涅槃もない。柳田聖山によると六種の神通がある。[11]

神足通はどこでも自由に動き回る能力
天耳通はあらゆる物音を聞き分ける能力
他心通は自分と他人の心の動きを知る能力
宿命通は前世のことを知る能力
天眼通は来世のことを知る能力
漏尽通は輪廻から脱却する能力

古代インド人は瞑想によって、心の中から物質的なものをすべて追い出し、純粋な心になったときに神通力を得ると信じていた。仏教の悟りとは、心と肉体の闘争によって、心が肉体を支配することだと私は思っている。日本人が信仰している観音菩薩は助けを求める人の声を聞いて、すぐにかけつけて来るのだから、神足通と天耳通を持っているわけだ。

これらの能力が超能力と呼ばれる理由は科学的知識に反するからである。科学的には人間は光や音などの信号を感じて何が起こったかを知るのであって、信号が来なければ知りようがない。未来の現象はまだ起こっていないのだから信号もないわけで、信号が無ければ知ることができない。過去の出来事も、信号が発信されてから時間がたつと消滅するのでわからなくなる。音は空気の振動だから遠くにはとどかない。心が肉体を支配していると言っても、肉体には重さがあるから、空中を歩くことは不可能である。そういうことで人間が超能力を持つことはできないのだが、古代人は科学を知らなかったから、自由に想像することができた。想像力は素晴らしいもので、心の中では何でもできるが、実際に可能かどうかは別問題である。

文献

1　広重徹著『科学の社会史　近代日本の科学体制』　中央公論社　一九七三
2　新日本出版社編集部編『ニューサイエンス　科学と神秘主義』　新日本出版社　一九八七
3　エンゲルス著　大内兵衛訳『空想より科学へ』　岩波文庫　一九四六
4　宇井純著『公害の政治学　水俣病を追って』　三省堂　一九六八
5　宮本憲一著『昭和の歴史10　経済大国』　小学館　一九九四
6　河合隼雄著『宗教と科学の接点』　岩波書店　一九八六

7　佐藤久直著『言葉の文化と文字の文化』　東京図書出版　二〇一三
8　林道義著『ユング思想の真髄』　朝日新聞社　一九九八
9　林郁夫著『オウムと私』　文藝春秋　二〇〇一
10　高橋英利著『オウムからの帰還』　草思社文庫　二〇一二
11　柳田聖山・梅原猛著『仏教の思想7　無の探求〈中国禅〉』　角川文庫　一九九七

第五章　異文化に脅かされる家族

一　家族観の変化

戦前の日本では、男と女は結婚して家族を作り、それらの家族が集まって大家族を作ったものが国家とされていた。国家は天皇を父とし国民を子とする家族国家であり、国民は忠と孝という道徳観念によって結ばれていた。国家と個々の家族の中間にある団体も家族道徳によって結合していた。軍隊も家族で、「兵営ハ苦楽ヲ共ニシ死生ヲ同フスル軍人ノ家庭」[1]となっていた。このように戦前はあらゆる組織や共同体が家族として行動していたのである。全体がルールによって機械のように動く組織という観念を持っていなかったのだ。

ところが現在の日本国憲法では、自由権を持ち理性によって行動する独立した個人の集合体が国家ということになっているから、男と女はかならずしも結婚する必要はない。NHK放送文化研究所の世論調査によると、「人は結婚するのが当然」か、「結婚する必要はない」か聞いたところ、一九九三年には「当然」が四五％で「必要なし」が五一％であり、二〇〇三年では「当然」が三六％に減り「必要なし」が五九％に増えている。[2]結婚する意志がなくても性交渉は自由というわけで、性交と結婚とが切り離された。だから恋愛の目的は性交を楽しむこと、つまり肉体的快楽のためということになったわけだ。現代人の愛は性愛つまり肉体的なもので、昔家族の絆であった精神的な愛は失われたのかもしれない。

円より子は一九七九年に「ニコニコ離婚講座」を開講し、一九九〇年までに約七千人の離婚を考えている主婦から意見を聞いた。彼女たちが考えている離婚の理由の大部分は「夫と人生目標や価値観がちがう」ということだった。夫は妻子を養うために働いているということを大義名分にして、つきあいや浮気をストレス解消に必要なものと主張し、妻は夫の性的な要求にいつでも応じるのが当然と思っている。要するに夫は会社人間で、妻をそのための道具としか見ていないと妻は考えている。

性行為は、妻に欲求がないのに強要される。「精神的肉体的疲労のあるときでも、夫との性生活は喜びであり、逆に疲労がいやされることもあるはずだが、苦痛を訴える人たちに聞いてみると、疲労感と空しさだけが残るという。それは、夫が妻の疲労を共にわけあおうという気持ちを持たず、自分の欲望さえ満たされればいいという態度で臨むからである。[3]」

現代は競争社会で、人間は収入の額や住んでいる家などによって評価される。いい学校やいい会社というような価値基準でしか互いを見なくなった家族は家の中でもくつろぐことができない。「絶対的な包容を感じられない家族では、愛という言葉は打算にしか思えなくなってくる。」と円より子は言っている。

二　愛の無い家族

(1) 妻の家出

静子（五十六）は三十一年間の結婚生活を捨てて、長男と家を出た。原因は夫の浮気と言葉の暴力である。夫と職場の女性（四十二）の関係を知ったのは八年前だ。夫ははじめのうちは別れるつもりと言っていたが、それが「いまさら別れるのはかわいそう」に変わってきた。そしてお前には毎月金を渡してある筈だと言う。言い争う中で夫は「気違いか。お前のようなばあさんの相手が出来るか。」「お前のような女を好きになる男はいないよ。」と妻を侮辱した。[4]

家を出たのは翌年の夏、家裁の呼び出しに激怒した夫が暴力をふるいかけたからだという。夫の浮気を知るまでは、静子は毎日家の中で編み物をしたり料理を作っていれば幸せと感じていたそうだが、夫婦の中は冷え切っていたのではないだろうか。

若い母（三十）は、長男を小学校へ、二男を保育園へ送り出し、ボストンバッグ一つを手に家を出た。原因は文化のちがいである。夫とは学生運動で知り合い、夫婦は対等を誓って結婚した。大学のある町で生活しているときは、夫は家事を手伝ってくれたが、夫の郷里に帰って町工場を始めてからすっかり変わってしまった。家のことも子供のことも妻にまかせきりで、細かいことにも文句を言うようになった。夫は少年時代を過ごした土地に帰り、昔の友達とつきあい、都会で学んだ文化を忘れてしまった。そして見知らぬ北国に来て一人で悩んでいる妻を助けようともしなかった。ある日、子供のことで不満を口にしたとき、「お前は母親じゃないか」と妻を殴った。

結婚とは異なる文化を持った男女が生活を共にすることだから初めは違和感を持つのは当然で、それを乗り越えていくのが愛の力であるのに、この二人にはその覚悟が無かったとみえる。母と子の絆はそんなにもろいものかという調査員の質問に、彼女は次のように答えた。

「私は、最初から自分の腹を痛めた子っていう気持ちは、ぴんとこなかった。それは子供はいとしい。でも、一日のうち何時間は子育てというのなら、気分転換にもなったと思うのですが、一日べったり子供だけというのでは憂鬱になってしまう。それに子供には子供の人生がある。彼らにとって、母親だけが絶対だって気分にはとてもなれなかった。私は結局彼らではなく、自分を選んでしまったのです。[4]」

妻も自分本位で愛情は薄い人という感じだ。

⑵ 少年の家庭内暴力

一九七七年十月、開成中学三年の息子の暴力に耐えかねた父親が息子を絞殺するという事件が起こった。中学に合格してから成績がよかったのに、三年になったころから成績が下がりだし、親を殴る蹴るの暴行が始まったという。

少年は「青春を返せ、めちゃくちゃにしたのは親なんだ[5]」と叫んでいた。

一九七九年一月、早稲田高等学院の少年が祖母を殺し、自分もビルの屋上から飛び降り自殺した。父は大学教授、母は文筆家だったが、離婚して父は家を出てしまい、少年は母親と祖父母と四人でくらしていた。少年は「うっかりするとママに殺される[5]」と言っていたそうだ。彼の面倒を見ていた祖母を母の手先のように感じていたのかもしれない。

一九八〇年十一月、大学受験に失敗して家にいた少年が金属バットで寝ていた両親をなぐり殺した。父は東大出のエリート社員、兄は早大生だった。少年は自分だけが駄目な人間のようなみじめな気持ちになっていた。ある日、父にキャッシュカードを勝手に使うなとか、一万円もっていったろうなどと咎められ、母にも「あんたって駄目ね」と言われ、ムシャクシャして自室でウイスキーを飲んでいたところ、父親から出て行けと蹴られた。それがきっかけだったということだ[5]。

これら三つの事件は、いずれも学校の成績だけで息子を評価する親に対する反乱であった。

「かえしてよ　大人たち
なにをだって　きまってるだろう
自分をかえして
おねがいだよ」

これは十二歳で投身自殺した少年が遺した詩である。[4]

三　女性解放運動

(1) ウーマン・リブ上陸

ウーマン・リブと称する女性解放運動が日本にやってきたのは一九七〇年頃であった。一九七一年のリブ合宿で井上輝子は女性学の存在を知り、一九七三年にアメリカの大学を訪ねて女性学を調べてきた。井上の『女性学への招待』によると、十九世紀の婦人参政権獲得を目的にした女性解放運動を第一波フェミニズムと呼び、ウーマン・リブに始まる二十世紀の運動を第二波フェミニズムと呼ぶそうだ。

第二波フェミニズムは、現代においても女性が男性に従属する立場に置かれているのはなぜかという疑問から起こったもので、女性学はその疑問を解明するためにあらゆる社会現象を女性の眼で見直すものだという。

男と女の性差は、生物学的には「男性のみが妊娠させることができ、月経、妊娠、授乳が可能なのは女性だけだという点にある。」という。随分狭い見方だが、性科学者のジョン・マネーがそう言ったということである。それなのに「近代産業システムは、男性には労働市場で働くことを義務づける一方で、女性には結婚し、家事・育児を担うことを要求するという性別役割分業を産み出した。[6]」女が結婚しなければならないのは、女は自活できないから結婚という永久就職によってのみ生きることができると言うのである。ところが男は結婚しなくても生活できるから、結婚市場においては男が女を選ぶ立場にある。結婚の目的を食べるためというのは、物質主義的な考え方である。

結婚すると、どちらかが改姓しなければならないが、これは不合理だと井上は言う。どこが不合理か。

「人生の途中で姓を変えると、個人としての一貫性が中断される。姓を変えると、自分が自分でなくなるようなイヤな気分になる。また、交際上、不都合である。[6]」

これには驚いた。一貫性の意味ははっきりしないが、結婚しても自分は自分だから、姓も変えたくないというのだろう。それなら、なぜ結婚するのか。たぶん結婚を就職と考えているのだ。私が思うに、結婚の目的は夫婦が協力することによって幸福な人生を切り開くことである。しかし異なる文化を持つ男女が一緒に生活するのだから、二人が独身時代の文化を主張して譲らないとすれば結婚生活は成り立たない。だから結婚したら、夫婦で新しい一つの文化を作っていかなければならない。そのような夫婦の一体性を象徴するのが姓だから夫婦は同姓であるべきなのである。

性別役割分業における主婦の役割は育児と家事である。育児に関して母性神話と三歳児神話があると言っている。井上の言う神話とは、意図的に作られた話で嘘だという意味だ。

三歳児神話とは、三歳までは母が育てるべきで、そうしないと「乳幼児の身体的・知的・情緒的・社会的発達に悪影響を及ぼす、しかもその影響は、乳幼児期以後にも及び、非行や神経症の原因になる」というもので、ジョン・ボウルビィが言ったという。その後の議論でラドルフ・シャファーは次のように修正した。

「乳幼児期に、何らかの心理的絆が必要であるとしても、最初の絆が専有的でなければいけないとは限らないし、絆を結ぶ母的存在が、生物学的母親である必要はないし、女性である必要もない。むしろ、子供を育てる能力、つまり子供を愛し、かわいがり、その世話をする能力は、基本的に人格の問題である。[6]」

これはボウルビィの言葉を一般化して述べただけで、否定してはいない。フェミニストは誰が育てても同じだと解釈したらしいが、私は母親しかいないと言ったのと同じだと思う。問題は「育てる、愛する、人格」という言葉の内容にある。

母性神話とは母性愛を本能と考えることで、具体的には次のように言われている。

(イ)　母性的養育を母親の役目とする

(ロ)　産後の母子接触の大切さを強調する

(ハ)　乳幼児期の母性的接触に失敗すると一生取り返しがつかないとする

しかし大日向雅美の調査では妊娠したときの事情や夫の態度によって変わってくるという。

「妊娠を非常に喜んで迎えた人々には、胎動に感動し、妊娠の経過にともなう容貌や身体上の変化を肯定的に受容する人が多く、またわが子への愛着の始まりも早かった。これに対し、いろいろな事情から、妊娠を困ったと受けとめた人々は、容貌や身体上の変化に対して否定的な感想を持つ人が多く、分娩時の心理、出産に対する感想、わが子への愛着等についても、消極的・否定的なものが多かった。[6]」

母親の子に対する態度は妊娠の事情によって異なるから、母性愛は本能ではないというわけだが、この調査に問題は無いだろう。母親が愛着を感じない場合、どのように育てたらいいかという議論は無い。フェミニストの関心はもっぱら母親が育てるべきだという通念を否定することにあった。

井上は家事を労働と定義し、賃金支払いや売買の対象になる仕事だとする。その上で家事と一般の職業とを比較してみると、家事は料理や洗濯など物に関わる仕事がほとんどで、人と話をすることがない。従って主婦は孤独であると結論した。主婦の仕事は無償労働であるとか、結婚は永久就職であるとか言うフェミニストの話は主婦を労働者と考えることから来ている。つまり、人間関係を物とカネの交換によってのみ理解し、精神的なつながりを無視するのがフェミニストの特徴である。

「家事労働の無償性を切り口にして、資本主義と性別役割分業の密接不可分の関係を解明するマルクス主義フェミニズムが欧米に登場したのは、一九七〇年代になってからのことであった」と井上が言っているので、次にマルクス主義フェミニズムを見ることにしよう。

⑵ マルクス主義フェミニズム

上野千鶴子の『家父長制と資本制　マルクス主義フェミニズムの地平』[7]によると、マルクス主義フェミニズムは、社会を家族社会と政治社会から成るものとし、家父長制と資本制という二つの体制によって分析するものである。そして経済関係が社会の基盤であるというマルクスの仮説を信じ、政治社会のみならず家族社会も経済関係として考える。政治社会における経済関係は資本制であり、資本家が労働者を支配する体制であるが、家族社会も労働者を提供することによって政治社会とつながっている。また、現代社会は男が女を支配する体制になっていると考え、その体制を家父長制という言葉で表現した。

ハートマンは家父長制を次のように定義した。

「われわれは家父長制を、物質的基盤を持ちかつ男性間の階層制度的関係と男性による女性支配を可能にするような男性間の結束が存在する一連の社会関係であると定義する。[7]」

ここでいう物質的基盤とは次のようなものだ。

「家父長制の物質的基盤とは、男性による女性の労働力の支配のことである。この支配は、女性が経済的に必要な生産資源に近づくのを排除することによって、また女性の性的機能を統制することによって、維持される。[7]」

つまり女を家の中の仕事に閉じ込め、その出産能力を管理するということだ。そして家事を家事労働と考える。

「マルクス主義フェミニズムの最大の理論的貢献は、家事労働という概念の発見である。[7]」と上野は言っているが、私の考えでは家事は収入を目的とする労働ではないから、工場労働と一律には論じられない。だから家事を労働とくっつけて家事労働とするのはこじつけである。しかし上野はフランスのフェミニスト、クリスチーヌ・デルフィの「家事も労働であり、無償の不払い労働である」という言葉を信じた。デルフィのような考え方をすると夫は妻を搾取しているということになり、妻は夫の奴隷だということになる。

家事を不払い労働と見る説に対して女性の側から愛の名による反発があるが、愛とは搾取のイデオロギーだというのがフェミニストの見解である。

「愛とは夫の目的を自分の目的として女性が自分のエネルギーを動員するための、母性とは子供の成長を自分の幸福と見なして献身と自己犠牲を女性に従順することを通じて女性が自分自身に対してはより控えめな要求しかしないようにするための、イデオロギー装置であった。女性が愛に高い価値を置く限り、女性の労働は家族の理解や夫のねぎらいによって容易に報われる。女性は愛を供給する専門家なのであり、この関係は一方的なものである。[7]」

これがマルクス主義に忠実な愛の解釈だとすると、マルクス主義の欠陥を暴露したことになっている。同時にまた、フェミニストが物質主義者であり、愛を知らないこともわかる。

デルフィに従って家事を不払い労働とすることは女性解放運動のよりどころであるようだ。上野によれば、妻は家事労働者という階級を作っていると見なされるから、共産党宣言をもじれば、「『万国の家事労働者よ、団結せよ』というのが唯物論的フェミニストの戦略になろう。家事労働がフェミニズムにとって、第一級の政治課題になるというのは、この意味においてである。」となる。かくして主婦を家事から解放することがフェミニストのスローガンになった。

さて、夫婦は性交によって受精卵を作り、妻はそれを育てて出産し育児を行う。上野によればフェミニストはこれを女の労働による再生産と見なす。「女性の再生産労働とその労働の成果である再生産物（子供）は、男性（夫）によって領有されている。」そこで夫婦関係にマルクスの階級闘争を持ち込むと次のようになる。

「生産関係における階級概念を、再生産場面に持ち込めば、男性は再生産支配階級、女性は再生産被支配階級と呼ぶことができる。女性は子宮という再生産手段を持っているが、子宮が肉体的に女性の身体に帰属していることは、それを女性が所有していることを少しも意味しない。家父長制のたくらみは、あげてこの子宮という再生産手段の支配とコントロールのためにあった。女性を自分自身の身体について無知なままに置き、その管理を男性にまかせ、避妊と生殖についての自己決定権を女性から奪うことが、再生産支配階級の意図であった。[7]」

このように考えることによって、主婦は家事のみならず、出産と育児においても夫に支配されていることになった。つまり政治社会と同じように、家族社会もマルクス主義の図式で解釈できると言いたいわけだ。しかしそれによって、家族社会はロボットで作ったおもちゃのような感情のないものになってしまった。

夫婦関係を無理矢理マルクス主義の枠組みに押し込んだため、人間関係において最も大切な心が消えてしまったが、フェミニストはこのことに全く関心が無い。どうしてこれほど極端な物質主義になってしまったのか。物質主義とは、人間を心と肉体に分けたとき、肉体に価値を置き、心を無視することを言う。

⑶ 国連の企み

国連は、一九四八年十二月、世界人権宣言を採択した。出席した五十六の加盟国の中で四十八カ国がこの決議に賛成し、他の八カ国（ソ連、白ロシア、ウクライナ、チェコスロヴァキア、ポーランド、ユーゴスラヴィア、サウディアラビア、南アフリカ連邦）は棄権した。この人権宣言の成立は人権委員会委員長ルーズベルト大統領未亡人の異常な努力の結果であるという。

基本的人権が自然法あるいは普遍的理性の存在を信じることから生まれたことは前述したが、その人間観は異様である。人間は生まれつき権利を持っているのに対して動物は持っていないのだから、人間は動物ではないと言うのである。そのことを世界人権宣言は次のように表現している。

「第一条　すべての人間は、生まれながら自由で、尊厳と権利について平等である。人間は、理性と良心を授けられており、同胞の精神をもって互いに行動しなくてはならない。[8]」

この人間観は明らかに進化論と矛盾しているが、人権思想が生まれたころのヨーロッパ人は神が人間を作ったと信じていたのである。そういう話を現代人に信じさせようとする理由は、人権思想が欧米文化の基礎になっているからだ。従って、国連は欧米文化の世界制覇を企んでいると言うことができる。

世界人権宣言の精神を女性問題に適用したのが、女性差別撤廃宣言（一九六七）、国際婦人年の決定（一九七二）である。一九七五年にメキシコ・シティで国際婦人年メキシコ会議が開催され、「男女の平等と、開発及び平和への婦人の寄与とに関するメキシコ宣言」を発表した。そして一九七六〜一九八五年の十年間を「国際婦人の十年」とし、「その間に各国が女性の地位向上に向けて国内行動計画を策定し実施するよう求める世界行動計画を採択した」。一九七九年、国連総会は「女性差別撤廃条約」を採択し、一九八〇年にコペンハーゲンで開催された「国連婦人の十年中間年世界会議」で「女性差別撤廃条約」の署名式が行われた。日本政府代表高橋展子も署名した[9]。

井上輝子は、「女性差別撤廃条約」は育児などに関する性的役割分業の変更と、男女差別の偏見や慣習を撤廃するために男女の社会的及び文化的行動様式を修正することの二つをうたっている点で、「第二波フェミニズムの思想を体現した条約といえる」[6]と述べている。

国連が各国に文化の変更を迫ったことは内政干渉に等しい重大問題である。日本政府は国連の圧力に屈し、一九七五年に総理府に首相を本部長とする婦人問題企画推進本部を設置した。そして男女雇用機会均等法（一九八五）から男女共同参画基本法（一九九九）の制定に至っている。

⑷ ジェンダーの新解釈

大沢真理の『男女共同参画社会をつくる』[10]によると、男女共同参画基本法の目的はデフレと少子高齢化から脱却することで、そのためにジェンダー・フリー（ジェンダーから解放された）社会を作るということである。男も女も同じ仕事をする社会になれば、生産と消費が増えてGDPが上昇し、そうすることで子供を作りやすい環境ができると考えている。

ジェンダーとは生物としての男女（セックス）の文化的表現で、男の子には太郎、女の子には花子という名前をつけ、太郎には野球をやらせ、花子には人形を与えるというようなことをいう。つまり生物的な性差（セックス）に対する文化的な性差（ジェンダー）である。だからジェンダーからの解放と言えば文化としての性差を捨てるということになる筈である。

しかし大沢の言うジェンダーはそうではなかった。クリスチーヌ・デルフィが、セックスがジェンダーを規定するのではなく、ジェンダーがセックスより先で、しかもジェンダーは男が主で女は従という階層性そのものだと言ったそうだ。そうすると初めにセックスがあったのではなく、人間が社会生活をするようになってからジェンダーという観念が生まれ、そのあとでセックスという性差が生まれたことになる。日本のフェミニストはまたもデルフィに幻惑され、彼女のジェンダー論を信じた。

上野千鶴子はデルフィ説を次のように解釈したと大沢真理は言っている。

「雌と雄との生物学的な性差であるセックスは、すくなくとも外生殖器、内分泌、染色体、遺伝子というようないくつかの判定レベルをもつ。しかし分子生物学や性科学の発達は、人類の個体において、セックスはかならずしもまぎれなく雌雄のいずれかに決められるものでもなく、いくつかの判定レベルをつうじて一貫しているとも限らない、ということを明らかにした。従来、染色体がXYであれば雄、XXであれば雌と考えられてきたが、分子生物学的な研究によってそうとは限らないことが判明したのは、九〇年代初年である。

インターセックスなどあいまいな個体の出現率は低くない。いやあいまいというのは雌雄というような二項対立的な一対を前提にする場合に生じる見方であって、セックスはむしろ、ある色から別の色へと次第に変化するグラデーションのようなものととらえる方が自然なのだ。[10]」

たとえば光の色が赤から紫まで連続的に変化しているように、セックスも、本来、雄から雌へ連続的に変化している。それを男と女に二分し、階層性をもつものとしたのはジェンダーという文化観念であると上野は言っている。そしてセックスが基本で、文化がジェンダーを発達させたという常識はくつがえされたとしている。「デルフィらのジェンダー論の意義が上野千鶴子によって明快に整理されたのは九五年のことである。[10]」

性別による偏りのない社会を構築するため、「世帯単位の考え方を個人単位にあらため、個人がどのような生き方を選択しても、それに対して中立的に働くような社会の枠組みを確立していくことが必要である[10]」と政策目標が提示され、具体的取り組みとしては以下が提案された。

(イ)　選択的夫婦別姓を内容とする民法改正
(ロ)　配偶者控除など、配偶者優遇税制の見直し
(ハ)　性別による偏りにつながるおそれのある各種慣行の見直し

これを見ると、政府とフェミニストは協力して家族を解体しようとしている。

私は猿の群れを見て雌雄があることを知っている。犬や猫もそうだ。人間は猿の仲間だから、我々の社会も男と女から成ることは当然だと思っている。ところがデルフィはこの常識を否定した。もともとフェミニズムは一つの価値観だから何を仮定してもいいようなものだが、科学

的事実と矛盾することを仮定したのでは、その価値観は空想になってしまう。その意味では古い宗教と同じものになるから、そのような信仰を政治の基礎にすることはできない。しかし信じるのは勝手だとかたづけるわけにいかないのは、フェミニズムが日本文化を破壊するからだ。

四　フェミニズム批判

(1)　育児は八歳までが勝負

澤口俊之の『幼児教育と脳[11]』は狼に育てられた少女カマラの話から始まる。

「一九二〇年にインドで発見されたカマラは、生まれてから八歳くらいまでオオカミによって育てられた。宣教師だったシングという牧師に発見されて手厚く看護されたのだが、彼女は一九二九年に亡くなるまでほとんど言葉を話せず、人間らしさも発達させ得なかった。[11]」

この例からわかることは、人間が人間らしい心を持つようになるのは誕生後の幼児教育によるということである。

澤口によると、心は八つの知性（言語的知性、絵画的知性、空間的知性、論理数学的知性、音楽的知性、身体運動的知性、社会的知性、感情的知性）とこれらの知性をコントロールする自我とから成る。

「自我は、自分のもつ多重知性（八つの知性）を総括してうまく操作し、将来へ向けた計画を立てつつ前向きに生きる知性。多重知性の統括者、『スーパーバイザー』として、最も高度な働きを担う。人格（性格）、理性、さらには主体性、独創性・創造性などにもこの知性が中心的な役割をもつ[11]。」

これらの知性即ち心は大脳皮質にある。大脳皮質とは大脳の表面を覆っている厚さ二〜三ミリほどの細胞の層で、脳の進化の歴史のなかで最も新しくできた部分である。大脳皮質にはニューロン（神経細胞）によって作られたコラムと呼ばれる神経回路が並んでいて、コラムは入ってきた情報を処理して外に伝える。性格が親に似ているのは知性が遺伝するからで、コラムという基本回路が遺伝するのだが、すべてが遺伝ではない。神経回路は初めからきまっているわけではなく、幼児の行動によって作られていくのだろう。たとえば、歩くことによって歩行能力が発達するのは、運動することによって身体運動的知性が発達するのであり、人の話を真似ることによって言語的知性に対応する回路が形成されるのだと思う。

知性に対応する神経回路は誕生後に作られるのだが、その年齢には決まった期限がある。

「第一次視覚野の場合では、サルでは一歳ころまで、ヒトでは長くとも四歳ころまででいちじるしい。この期間をとくに臨界期あるいは感受性期という。この期間でドラスティックな可塑的変化が起きるが、そのあとでは、それに匹敵するようないちじるしい変化はおこらないからだ。そして、当然ながら、その期間にうけた環境要因の影響は生涯にわたって存続してしまう。[11]」

その例として、幼児白内障にかかって四歳くらいまで見えない生活をすると、その後白内障が治っても物がうまく見えないという。

言語の発達は十二歳ころまでが顕著であるから、言語の感受性期は十二歳ころまでとされている。

「同様なことは他の多重知性フレーム（並列階層的な神経システム）にも当てはまる。つまり、どのフレームでも低次モジュールの感受性期は四歳ころまで。高次モジュールのそれは八歳ころ（長くとも十二歳）までとみなしてよい。[11]」

八歳ころまでに知性に相当する基本的な神経回路が形成され、その後の変化は小さいことから、育児は八歳までが勝負とした。つまり八歳ころまでに心のハードに相当する部分ができてしまうのだ。以上を澤口は次のようにまとめている。

「私たちの知性は多重であり、複数の知性が並列している。多重知性の実体は脳内の多重フレームである。

多重知性フレームは六〇％程度遺伝するが、環境要因によって可塑的に変容し得る。

多重知性フレームの可塑的変化は幼少期で著しい。

多重知性フレームの基礎をつくる上で最重要な時期としての感受性期も幼少期に集中している。

ヒトの進化の観点からみて、私たち人類の本性の一つは飽くなき好奇心である。

多重知性フレームの少なくとも一部は社会関係をうまく行うために進化してきた。

私たち人類の最も本質的かつ重要な能力はスーパーバイザーとしての自我フレームの能力であり、この能力は前頭連合野と結びついている。[11]」

前頭連合野とは大脳皮質の前頭葉つまり額の部分にあり、この部分が「ヒトを人間たらしめる脳領域」である。

人間らしさが前頭葉にあることは、十九世紀の中頃、アメリカの鉄道工事現場で起こった事故からわかってきた。その後チンパンジーの実験を経て、一九三〇年代から人間の前頭葉を手術する「前頭葉ロボトミー」という外科治療が行われたが、結局、手術された人が人間らしさを失ったため、この治療法は中止されたのである。

澤口は、前頭連合野が担う三つの知性（自我、社会的知性、感情的知性）を前頭前知性（PQ）と呼び、PQを発達させることが幼児脳教育の根幹だと言う。なぜかというと、人の前頭連合野の重さは約四〇〇グラムでチンパンジーの六倍もあり、これが人類の特徴を示す部分と考えるからだ。PQは将来の夢や計画、自主性や独創性、幸福感などに関係していると考えられている。

PQは人類が社会を作るようになってから、社会環境に適応するために進化した知性であるから、これからもそのような環境の中で幼児を育てるべきだと澤口は言う。それは一夫多妻型の大家族である。それは年齢のちがう多くの子供がいて複数の妻がいる社会であり、そのような社会を統治する父親の役割は大きい。

人の赤ん坊は、他の霊長類に比べると、すべて未熟児である。脳があまり大きくならないうちに生まれないと母の産道を通れないからだ。その未熟児を母親は愛し、保護し、育てなければならない。そのような環境で父性と母性も進化してきた。

現在は一夫一婦制だが、長い年月をかけて進化してきた父性をもつ父親と母性をもつ母親がいて、子供は同じ年頃の多くの子供と遊ぶことができるという環境が幼児の成長に必要なのである。

「一時期、『母性愛は幻』、『男性社会を維持するために押しつけられた観念』だという主張がなされたことがあったが、これはとんでもない誤解だ（悪意といってよいほど）。子どもに対する母親の愛情には生物的なベースが厳然としてあり、人類進化はおろか霊長類の長い進化の歴史（数千万年！）によって裏付けされている。

父性もそうだが、母性愛によるさまざまな営為は、幼児にとって普通の環境の重要な一部なのだ。まちがっても、近代（あるいは文明が誕生して以来）の狭いモノサシ（宗教や思想、イデオロギー、似非科学など）で父性や母性を否定してはいけない。否定したり批判するのは個人の信条や価値観に依るし、自由だが、それを子どもの脳教育の現場には絶対に持ち込まないでほしい、絶対に！[11]」

⑵ セックスとジェンダー

田中冨久子の『脳の進化学』[12]によると、受精卵はすべて雌型で、何の操作も加わらないと女の子として生まれてくる。これを途中で雄型に変えていくのはＹ染色体で、精巣決定遺伝子を持ち、受精して6週間後には生殖腺原基を精巣に変える。この時期に雌型の方には卵巣ができるというから、受精後6週間で男と女に分かれ始めるというわけだ。精巣はアンドロジェンという性ホルモンを分泌し、内生殖器を精巣上体や精管に変える。8週を過ぎた頃には、同じ性ホルモンの働きでペニスと陰嚢ができる。女の胎児では外生殖器はクリトリスや大陰唇となる。

生まれる三カ月前頃から脳の成長が活発になり、男の胎児では雄型の脳、女の胎児では雌型の脳となって誕生する。生まれたときの幼児の脳の重さは三七二グラムであるが、誕生後三年目には一一一五グラムとなり、二十歳代には一三七五グラムと成人の重さに達する。生まれたときの脳が田中の言う古脳だとすると、その機能は生命維持と種族保存である。生まれてから成長し発達する部分は新脳と呼ばれ、学習能力をもち、知性と人間らしさを示す機能をもつ。

胎内で男と女に分化するのだから、生まれた時に生物としての雌雄即ちセックスは決まっている。そして誕生後に成長する新脳は環境の影響を受けるから、ジェンダーは新脳に刻み込まれることになる。つまりセックスあってのジェンダーである。

自分が男か女かという認識（性自認、性アイデンティティ）は、扁桃体という視床下部の中間に位置する分界条床核という神経核によって与えられる、ということが最近の研究でわかってきた。

「この仮説は、一九五〇年代以降、米国を席巻していた、養育によって性自認はいかようにもなる、というJ・マネーの理論を覆す重要なものとなった。[12]」

と田中は言っている。まだ仮説の段階らしいが自信があるのだろう。

(3) 家族を解体する「男女共同参画社会」

山下悦子は、「男女共同参画」は現実を無視した机上の空論で、少子化対策にはならないと主張している。

「セイフティーネットとして機能してきた家族を解体させたことにより、若い世代を中心に結婚したくてもできない、子供を産む自由よりも産まない自由を選択する、あるいは選択せざるをえないような状況をつくり出したともいえる。[13]」

二〇〇八年には全雇用者に占める非正規雇用者の割合は三四％であり、夫に育児休業を取れと言っても、「夫も妻も非正規雇用のカップルには、そもそも縁の無い話だから だ。[13]」と述べている。

男女共同参画基本法の第四条は、

「男女共同参画社会の形成に当たっては、社会における制度または慣行が、性別による固定的な役割分担等を反映して、男女の社会における活動の選択に対して中立でない影響を及ぼすことにより、男女共同参画社会の形成を阻害する要因となるおそれがあることにかんがみ、社会における制度または慣行が男女の社会における活動の選択に対して及ぼす影響をできる限り中立なものとするように配慮しなければならない。」

と言っているが、ここで言う中立という言葉が問題で、実は専業主婦は中立でないと言っているのだ。専業主婦は阻害要因だから、主婦に対する特典をすべて剝奪し、主婦を家庭から引っ張り出して賃金労働者にしようというのである。

「この時期のもっとも恥ずべき本は、主婦をバカ呼ばわりした石原里紗氏の『ふざけるな専業主婦』、『くたばれ専業主婦』、『さよなら専業主婦』だったと思う。同じ女性が、女性の特性を否定し、人生の一時期を次世代を育てるために費やしている主婦を侮蔑するような風潮は、結局、自分で自分の首を絞めることになるのである。[13]」

「私たちは、個人が個人として存在しているのではなく、私たちを産みそだててくれた親世代、前世代すなわち『ご先祖様』があるから存在しているわけで、そのことに感謝し、前世代がそうしてくれたように、私たちも次世代を育てることも人生の一部の事柄として自然に行い、お返しするという当たり前の気持ちを私は述べただけにすぎない。

　こういう気持ちが社会全体から失われていることが、この国の子供嫌い言説を招き、少子化を導いているように思う。そういう国は、結局、あらゆる意味で繁栄しない、と私は確信している。[13]」


山下悦子はこう言っているが、このような信条こそ日本文化の基礎をなすものである。

⑷　何からの解放か

女性解放運動とは、人権思想に含まれる男女同権を実現しようという運動であった。生物としての人間は、男女一対で子孫を残すことができるようになっており、そのため歴史的に発展した民族文化は男と女の役割分担を基礎にしている。男女同権とはこの生物的な役割分担を否定しようというもので、生物としての人間からの解放を意味している。

　そこでは進化論を無視し、原初の人間には男女の区別は無かったと仮定する。人類はこの原初の人間から男と女を作り出し、男と女にそれぞれの役割を与えたと考え、原初の人間に戻れと主張する。そうすれば男女の区別のない社会になる筈である（ジェンダー論）。

しかし女だけが子供を産む能力を持っているという現実を、フェミニストといえども無視することはできない。そこで女性解放運動の必要性を示すため、歴史的な役割分担の文化において、女は男にこき使われているという話を作った（マルクス主義フェミニズム）。そして、そんなひどい文化から解放することによって男女同権を実現しようということになった。この場合の男女同権は、産業社会の労働者としての同権で、男も女も同じ仕事をし、同じ賃金をもらう権利があるということである。そのような権利を主張するためには、人間をカネで評価するという価値観を持たなければならない。フェミニストが物質主義となり、貨幣一元主義となったのはそのためである。

フェミニズムは一つの価値観であるから、他人にこの価値観を押しつけるのは許されない。ところがフェミニストが専業主婦を目の敵にして非難するのはなぜか。それは単なる党派根性かもしれないが、その底には基本的な誤解があると思う。戦後の日本人は人権を真理として信仰してきたため、男女同権も真理と考えたに違いない。つまり科学と価値観（あるいは宗教）との混同である。そうだとするとフェミニストだけを非難することはできない。

そういう誤解があるとしても、フェミニストは日本文化からの解放を叫んで、日本文化を破壊している。だから、私はフェミニズムを認めることはできない。

文献

1　大江志乃夫著『昭和の歴史3　天皇の軍隊』　小学館　一九九四
2　NHK放送文化研究所編『現代日本人の意識構造　第六版』　日本放送出版協会　二〇〇四
3　円より子著『妻たちの静かな反乱』　ちくま文庫　一九九〇
4　朝日新聞学芸部著『家族　何が病んでいるのか』　朝日新聞社出版局　一九八九
5　四方壽雄編『家族の崩壊』　ミネルヴァ書房　一九九九
6　井上輝子著『女性学への招待』　有斐閣選書　一九九二
7　上野千鶴子著『家父長制と資本制　マルクス主義フェミニズムの地平』　岩波現代文庫　二〇〇九
8　高木八尺・末延三次・宮沢俊義編『人権宣言集』　岩波文庫　一九五七
9　鹿野政直著『現代日本女性史　フェミニズムを軸として』　有斐閣　二〇〇四
10　大沢真理著『男女共同参画社会をつくる』　日本放送出版協会　二〇〇二
11　澤口俊之著『幼児教育と脳』　文春新書　一九九九
12　田中冨久子著『脳の進化学　男女の脳はなぜ違うのか』　中公新書ラクレ　二〇〇四
13　山下悦子著『男女同権は女性を幸福にしない』　PHP研究所　二〇〇九

第六章　義理人情から愛と正義へ、日本文化発展の方向

一　道徳と信仰

道徳とは自律的に社会の秩序を守るような行動をとることである。しかし人間は意味や目的がわからないと行動しない。だから選択の自由がある場合には、人は自分の利益や好みによって行動するのが普通で、社会全体のことを考えることはあまりない。従って、道徳を意味あるものにするためには共通の信仰あるいは理念が必要である。明治憲法時代の国家的信仰は国体だったので、国民道徳が忠と孝になったのだ。

そういうわけで人類の道徳的行動の始まりは宗教の戒律だったと思う。西洋人は孔子の道徳を発見して驚いたというが、それは儒教が宗教であることを知らなかったからだ。

孔子の道

孝とは何かと問われて孔子は次のように答えた。

「子曰く、生けるときはこれにつかうるに礼を以てし、死せるときにはこれを葬るに礼を以てし、これを祭るに礼を以てすべし。[1]」（為政六）

礼は慣習として人が従うべき道であり、ここでは祖先崇拝の儀礼を言う。つまり孝とは祖霊信仰を意味する言葉であり、それに基づく道徳であった。

一方、忠はまごころをもって人に応対することで、たとえば忠信は誠実であり、言ったことを実行することである。

「子曰く、君子重からざればすなわち威あらず、学べばすなわち固ならず。忠信を主とし、己に如かざる者を友とすることなかれ。過てばすなわち改むるに憚ることなかれ。[1]」（学而八）

孔子の理想が道徳政治だったことは次の言葉からわかる。

「子曰く、これを導くに政を以てし、これをととのうるに刑を以てすれば、民免れて恥なし。これを導くに徳を以てし、これをととのうるに礼を以てすれば、恥ありてかつ格し。[1]」（為政三）

これは次のような意味である。

「政令によって指導し、刑罰によって規制すると、人民は刑罰にさえかからねば、なにをしようと恥と思わない。道徳によって指導し、礼によって規制すると、人民は恥をかいてはいけないとして、自然に君主になつき服従する。[1]」

孔子が探究した道は道徳による政治で、法による刑罰を追放することであった。つまり政治から暴力を追放することである。

それぞれの家にその家族の祖霊信仰があり、王家には王家の祖霊信仰がある。庶民に王家の祖先を拝めと強要することはできない。だから王家の道徳は政治には無力である。そこで孔子は政治道徳として仁を考えた。仁は人を愛す、と言うから、家族愛を拡張した人間愛を仁と言ったのだ。

『論語』には仁についていろいろ言われているが、明確な定義は無い。顔淵に対しては次のように教えている。

「顔淵、仁を問う。子曰く、己れに克ちて礼に復るを仁となす。[1]」

自分のしたいことをするのでなく、礼に従うことが仁だということは、礼によって秩序を守ることが人を愛することになると考えているのだ。

子貢が一生行うべきことを一言で表す言葉があるかと質問したとき、孔子は恕と答えた。

「子曰く、それ恕か。己の欲せざるところを人に施すことなかれ。[1]」

恕とは思いやりであり、自分にして欲しくないことを他人にしてはならないと孔子は教えた。これは人がいやがることをするなという大切な社会道徳である。

孟子の四端

孟子は、父親が子を愛するように、君主が人民を愛することが仁と考えた。王の政治に必要な徳は、愛に代わるものとしての仁、物事の道理としての義、法に代わるものとしての礼、社会を知るという意味での智である。仁義礼智によって国を治めることができるということの根拠として、人間は本来善人であり、仁義礼智は生まれつき誰でも持っている徳だと孟子は主張した。

「惻隠の心無きは、人に非ざるなり。羞悪の心無きは、人に非ざるなり。辞譲の心無きは、人に非ざるなり。是非の心無きは、人に非ざるなり。惻隠の心は、仁の端なり。羞悪の心は、義の端なり。辞譲の心は、礼の端なり。是非の心は、智の端なり。人のこの四端あるは、なおその四体あるがごときなり。[2]」

惻隠はあわれみ、羞悪は悪を恥じにくむこと、辞譲はゆずりあい、是非はよしあしを見分けること。この四つの心を持っていない者は人間ではない。この四つの心はそれぞれ仁、義、礼、智のはじまりであり、この四端は四本の手足のように、生まれつき人間にそなわっているのである。そういう意味では、仁義礼智は天から授けられたものであり、人間は善人であると考えている（性善説）。

孟子は、仁義礼智という政治社会における道徳が家族道徳と同じものだと主張した。

「孟子曰く、仁の実は、親につかうる是れなり。義の実は、兄に従う是れなり。智の実は、この二者を知りて去らざる是れなり。礼の実は、この二者を節分する是れなり。[2]」

仁の内容は孝と同じであり、義の内容は、兄につかえる悌と同じである。智は孝悌の大切さをよく知ってこれから離れないこと、礼は孝と悌の調和である。
この主張によって、家族道徳と政治道徳は自然につながるから、次のように言うことができる。

「孟子曰く、天下の本は国にあり、国の本は家にあり、家の本は身にある。[2]」

すなわち修身斉家治国平天下である。身を修め、家を治めることができるようになれば、国を治めることができるし、国を治めることができれば、世界を統一することもできると言う。紀元前四世紀のことだから、天下といっても中国の一部に過ぎないが、人間は教えられれば仁義礼智という道徳に従うと思っていることがわかる。

朱子の理気二元論

朱子は十二世紀の宋の人で、孟子の性善説即ち四端論に共鳴し、仁義礼智を宇宙原理とする理論を作った。それは、宇宙に存在するものはすべて理と気から成るという理気二元論であり、我々の住んでいる世界を構成するものは天と地から生まれたとする生命的（有機的）世界観である。すべてのものは天地から生まれたのであるから、我々の世界は天地一家と呼ぶことができる。従って、世界には家族道徳に相当する道徳原理があるにちがいない。朱子はその道徳原理を理と呼び、宇宙を構成する一つの原理とした。そして理は仁義礼智であるとする。

一方、人や物を形作る素材を気という。気は陰と陽にわかれ、陽の気は天となり、陰の気は地となる。天地から人、動物、植物、山や川などが生まれた。このようにいろいろなものが存在する理由は気の性質（気質）が異なるからで、その中に存在する理はすべて同じである。

朱子は人の心を性と情にわけた。性は心の本質で、情は性の運動であり、欲は情の現れたものだ。「心を水にたとえるなら、性は水の静かな状態、情は水の流れ、欲は水の波だ」[3]と言う。性には本然の性と気質の性がある。本然の性は理即ち仁義礼智であり、天理とも言われる。気質の性は動物的本能であって、人欲と言う。

天理から生じる情が、惻隠・羞悪・辞譲・是非の四端であり、人欲から生じる情は、喜び・怒り・悲哀・恐怖・好き・嫌い・欲望の七情である。

「愛とは惻隠、惻隠は情であり、そこにある理を仁というのだ。[3]」仁は天地がものを生む心であり、仁の情が愛だから、愛は宇宙の基本的な徳である。

聖人とは生まれながらにして天理に従うことができる人で、人欲は自然に抑えられている。普通の人は人欲によって天理が覆われているが、誰でも人欲を抑える方法を学ぶことによって聖人になることができる。これが朱子学の結論であった。

かくして儒教は官僚の修養の学となったが、政治社会が家族社会とは異質のものだという認識には至らなかった。朱子の先輩にあたる張横渠は次のように言っている。

「我々の君主が、あたかも赤ん坊を愛するように、天下万民を愛したならば、政治のすばらしさは日に日に高まっていき、優良な人が役人となるようになり、今日の政治は体制を改変したりせずともりっぱなものとなり、道学（宋学）と政治とはわざわざ心構えを別にしなくとも一つの心でともにきわめることができるでしょう。[4]」

孔子は祖霊信仰から孝を導き、家族愛から人間愛としての仁を導き、さらに社会道徳として恕を示した。孔子の目標である道徳政治を可能にするため、孟子は四端論によって、道徳を普遍化し、家族社会と政治社会が同じ道徳によってつながっているとしたが、これは間違いだった。と言うのは、家族社会の秩序は愛によるが、政治社会の秩序原理は正義だからだ。朱子も四端を宇宙原理に祭り上げただけで、正義には思い及ばなかった。

二　儒教の日本化

江戸時代の代表的儒者と言われている伊藤仁斎（一六二七―一七〇五）と荻生徂徠（一六六六―一七二八）をとりあげる。仁斎は京都の商人の子として生まれ、徂徠は館林藩主徳川綱吉の侍医の子として江戸で生まれた。

伊藤仁斎は『論語』を宇宙第一の書とし、『孟子』は『論語』をわかりやすく説明したものと考えた。『論語』を宇宙第一の書とした理由は、それが人の道すなわち人間の生き方を明らかにしたものと信じたからだ。人間は一人で生きているのではなく、必ず君臣、父子、夫婦などの人間関係を持って生活している。それらの関係を保ちながら生きていくのが人の道であり、その道は仁義礼智であることを『孟子』は示している。

人には孟子の言う四端（惻隠・羞悪・辞譲・是非）があるから、人がいると仁義礼智の道が見えてくるが、人がいないと道は見えない。しかし、

「道とは人有ると人無きとを待たず、本来自ずから有るの物、天地に満ち、人倫に徹し、時としてしからずということなく、ところとして在らずということなし。[5]」

と言う。仁斎は仁義礼智の道が永遠で普遍的な存在だと信じたが、その根拠については何も言っていない。

「仁の徳たる大なり。しかれども一言以て之を蔽う。曰く愛のみ。[5]」

仁義礼智の中で仁は最高の徳であるが、一言で言うなら愛がすべてである。仁は慈愛の心で、愛は仁の徳が情として現れたものだが、仁斎は愛情が道徳の根本であると考えている。あらゆる道徳は、愛から出たものであれば本物だが、愛から出たのでなければ偽物だと言う。要するに愛情をもって人に接するのが人の道であり、そういうことを可能にする徳が仁だということ、これが仁斎の道である。

王道とは堯・舜・文王・武王が天下を治めた道で、仁義である。「仁義の外、また王道あるに非ず。」「孔子の学は、即ち堯舜文武の道、孟子の説は、即ち孔子の学、皆堯舜文武天下を治むるの道」これ以外に学問は無い。そうすると、孔子は古代の聖王の政治から人の道を導き出したということになる。しかしこの解釈は『論語』と矛盾するように思う。たとえば「朝に道を聞けば、夕に死すとも可なり。」や、曽子の「夫子の道は忠恕のみ」などである。また仁斎が『論語』を宇宙第一の書としたことの意味もわからなくなる。

王の徳は天道である。「天下に王たるときは、則ち天下の天道たり、一国の君たるときは、則ち一国の天道たり、一家の主たるときは、則ち一家の天道たり。[5]」

易の曰く、「一陰一陽、これを道という。」これが天道である。陰陽の気の運動により春夏秋冬の循環があり、動物や植物が成長する。これと同じように人民を養い育てるのが王である。

一家においては主人が子を育てるように、国王は国民の父であり、天下においては天子は人民の父となる。仁斎の解釈によると、統治の徳は天道である。しかし王道は仁義であり、仁斎の解釈によれば、聖人の道である。そうすると天道は王道を一般化したものか。

朱子学の理について、理は死字であって人や物を動かすことはできないと言う。仁斎の世界観では天地は活物である、生きているのだ。理は現象につけた理屈であるから死んだ字で、天地の運動には関与しないということだ。だから理と気が基本原理でそれによって天地が運動すると考えるのは間違いであると考えている。

仁斎は理気二元論を受け入れることができない。陰陽の気が運動するということで十分であり、理は陰陽の気の運動に後からつけた理屈だと考えている。彼は気の存在を事実だと思っているらしいが、実際に気を見た人はいないわけで、陰陽の気が存在するという証拠は何もない。気一元論も理気二元論もどちらも仮説であるという点では同等である。ただし、気一元論では仁義礼智が普遍的に存在するとは言えないが、理気二元論ならそれが言えるということだ。原理的存在としての理を否定するならば、道の普遍性はどこから出てくるのか。

伊藤仁斎は儒教を道徳論として受け入れ、道徳の基本は愛であると主張した。彼の言う愛とは何かというと、孟子の惻隠であり、「人に忍びざるの心」である。幼児が井戸に落ちそうになったら、誰でもすぐに助けようとするように、他人の不幸や苦痛を見るに忍びないという哀れみあるいは同情である。つまり人情である。道は愛であり、人情であるとすると、仁斎は儒教を人情道徳と考えたのである。

　荻生徂徠の儒教解釈によると、道とは先王（古代の聖人）が遺した道である。これは天下を安泰にする道であり、その内容は六経（易経・書経・詩経・礼経・楽経・春秋）に書いてある。つまり儒教の道は聖人が行った政治遺産であり、聖人とは堯・舜・禹・湯・文王・武王・周公をいう。[6]

　仁は人民を安心させる徳で、聖人の偉大な徳である。つまり仁とは聖人の政治能力を表す言葉であるから、礼楽刑政も仁によるのである、天下を安泰にするためには軍事や刑罰も必要となる。そこで道の中に義を立てた。義とはそのときの事情に応じて行動する事で、善には賞を与え、悪には刑を与えることをいう。これも人民を安心させるためであり、仁の徳から生まれた道の一つである。信仰や慣習に由来する礼も道であるから、礼と義が道であり、仁と智は徳である。[6]

　徂徠によれば、道は礼と義であり、礼と義は法と同じものだから、道とは聖人が遺した法ということになる。徂徠が、道は規矩準縄なり、と言ったのはそのことである。規はコンパス、矩は定規、準縄は直線をひくもの、だからそれらによって正しい円や直角や直線を描くことができる。それと同じように法に従うことが正であり、従わないことは邪である。[7]

理は事物にはみな存在するが、人は必ずこうなると自分で思ったことを理と言っている。だから理には基準がない。「聖人のみが理をきわめ、極（根本的な基準）を立てうるのであって、礼と義がそれなのである。[6]」しかし、礼と義は正邪の基準であった。それが理の基準でもあるというのはおかしいだろう。理の基準は論理でなければならない。

自然界の理はどうなるのかと聞くと、それは知る必要がないと言う。「神妙不思議な天地の作用は、本来人間の知ることのできぬものですから、雷は雷で、それ以上の詮索は無駄なことだと思います。[6]」

朱子は物事をすべて気と理で説明しようとしたが、それも必要ない。「心のうちで理解できるものは、精であろうと粗であろうと、本であろうと末であろうと、一つのものでつらぬいてしまう。理と気で説明する必要はどこにもない。[6]」これでは何を言っているのかわからない。

徂徠は聖人を信仰し、聖人の道すなわち法は永遠であり、普遍であると信じた。それ以外のことは何も考える必要がないとは心の狭いことだ。

伊藤仁斎の道は人情であり、荻生徂徠の道は政治社会の法であった。社会の秩序を維持するものは法と道徳である。仁斎と徂徠はそれぞれその一つだけ取ったわけだが、仁斎の方が儒教の思想には忠実であった。

三　愛・人情・義理

(1) 愛の物語

謡曲『隅田川』は世阿弥の長男観世元雅の作品だから、十五世紀はじめころのものだと思う。都の北白川に住む女が、人買い商人に誘拐されたひとり息子の梅若丸を捜して武蔵国隅田川の渡し場にたどり着いた。ときは春の夕暮れである。女が乗せてもらった渡し舟の船頭が次のような話をする。

去年の三月十五日、ちょうど今日、人買い商人が京から十二歳くらいの少年をつれて舟に乗った。その子は旅の疲れでもう歩けないと向こう側の川岸に座ってしまったので、商人はその子を置いたまま奥州に下っていった。この辺の人が手当てをしたが助かりそうもない。お前はどこから来たのかと少年に聞くと、

「我は都北白川に、吉田の某と申す人のひとり子にて候が、父には後れ、母ばかりに添い参らせ候いしを、人商人にかどわされて、かようになりゆき候。都の人の足手影もなつかしう候へば、この道の辺りに築き込めて、しるしに柳を植えて給われ。[8]」

と静かに話し、念仏を四、五へん唱えて息絶えた。

我が子を捜してここまで来たが、もう亡くなったのかと嘆く母に、人々が鉦を鳴らして念仏をすすめる。母が鉦を叩いて南無阿弥陀仏と唱えると、南無阿弥陀仏という梅若丸の声が聞こえる。「あれはわが子か」「母にてましますか」と手を取ろうとすると、消えてしまった。次第に夜が明けて明るくなると、草茫々とした野原が見えるだけであった。

『曾根崎心中』は大阪平野屋の手代徳兵衛（二十五歳）と天満屋の遊女おはつ（十九歳）の恋物語で、近松門左衛門作、元禄十六（一七〇三）年初演である。[9]話は生玉神社の境内でおはつと徳兵衛がたまたま出会ったところから始まるが、その話の様子から、二人が深い恋仲であることがわかる。

徳兵衛の話では、平野屋の主人が妻の姪に持参銀二貫目をつけて徳兵衛と結婚させようとしたが、俺にはお前がいるから断ったという。ところが親方は国もとの母に銀二貫目を渡して、徳兵衛と姪の祝言を決めてしまった。それはあんまりだ、納得できない、いやだと言うと、親方も怒った。「それなら四月七日までに銀を返せ、もう大阪には住めないようにしてやる」と言うので、国もとに行って、ようやく母から銀を取り返した。しかし大阪に住めないとお前に逢えなくなる、どうしようと泣く。

それを聞いておはつは、「たいそうなご苦労も私のためと思うとうれしい。けれどもしっかりしてください。大阪を追放されてもかくまうだけの覚悟をしています。どうしても逢えないとなれば、あの世で結ばれたという話も聞いている。そのときは死ぬだけのこと。三途の川で邪魔する人はないでしょう。」と徳兵衛をはげました。

七日といえば明日のこと、どうせ渡すカネなら早く親方に渡したらどうか、とおはつが言うと、おれもそう思っているが、油屋の九平次が、「晦日一日カネが要る、三日の朝は必ず返すから」と言うので、兄弟同然の友達のためと思って貸した。ところが連絡がとれない。と言っているところに、九平次が仲間を連れて歩いているのを見付けた。

徳兵衛は九平次の手をつかんで引きとめ、先月の二十八日に貸した銀子二貫目を返してくれと言うと、九平次は「お前からは一銭も借りた覚えはない」と手を振り払う。徳兵衛が証文を見せると、それは偽物だとしらをきった。「さてはたくらんだな、一杯くったか。」と逆上した徳兵衛が殴りかかり、ねじりあい、たたきあいとなる。おはつは裸足で飛んできて、「あれ徳様じゃ、皆様たのみます」と駕籠を頼む。茶屋の客はおはつが怪我をしては困ると駕籠に押し込んで、急げ、急げと天満屋に送ってしまった。

徳兵衛は一人、相手は九平次とその仲間五人、さんざんに叩きのめされてしまった。よろめきながら九平次を捜すが、逃げて行方もわからない。「一生の恩と嘆願するから貸してやったのに。明日銀がないと私は死なねばならぬ。こう言っても無益のこと。この徳兵衛が正直の心の底の涼しさは、三日を過ごさず、大阪中に申し訳してみせよう。」と破れた編み笠をかぶって立ち去る。

おはつが天満屋で心配しているところへ、編み笠をかぶった徳兵衛がやってきた。「人をだました」とか「踏まれて死んだ」とか徳兵衛には悪い噂がたっているので、天満屋の亭主夫婦にみつからないように、徳兵衛を縁の下にかくし、おはつは上がり口に腰をかけ、そしらぬ顔をして煙草を吸っていた。そこへ九平次が仲間とやってきて、徳兵衛の悪口を言いふらす。

おはつは、「徳様は男気を見せたのが身の災難で、だまされたのに証拠が無いので道理も立たず、こうなっては徳様も死なねばならぬ」と独り言に見せかけて足で問えば、うちうなずき、足首とってのど笛なで、自害すると知らせた。「そのはず、そのはず、死んで恥をすがいでは」と言えば、九平次は気味悪くなって帰って行った。

二人は夜更けに天満屋を抜け出し、曾根崎天神の森へ向かう。松と棕櫚の枝が重なっているのを連理の枝と見て、一本の腰帯で二人の体を松と棕櫚に結び付け、

「今は最期を急ぐ身の、魂のありかを一つに住まん、道に迷うな、違うなと、抱き寄せ、肌を寄せ、かっぱと伏して、泣きいたる。二人のこころぞ不憫なる。[9]」

いつまで言うても詮もなし、はやはや殺して、とおはつが言えば、心得たりと徳兵衛は脇差しを抜いて、おはつの喉笛にぐっと通し、自分はかみそりを喉に突き立てた。

「誰が告ぐるとは、曾根崎の森の下風音に聞こえ、とり伝え、貴賤群衆の回向の種、未来成仏疑いなき、恋の手本となりにけり。[9]」

⑵ 西鶴の義理物語

井原西鶴の『武家義理物語』[10]（元禄元〈一六八八〉年）から四つの話を選び出し、義理とは何か考えよう。

「神のとがめの榎木屋敷」

近江の浅井殿の時、武家屋敷町の端に、古い榎木が立っていた。昔は神を祀るやしろがあったと言い伝えられている。蔵奉行の諸尾勘太夫がこの土地を殿からもらって新しく家を建てて住んだところ、神のとがめか、なまぐさい風が吹いて気持ちがわるいので、この屋敷を殿に返上した。その後、ここに住んだ人は早死にしたり、悪風に悩まされたりして、空き屋になっていた。

若手の武士が集まっていたとき榎木屋敷の話が出ると、長浜金蔵が、神やしろの跡だからといって人にたたるわけがない、そういうことを言うのは愚か者だと非難した。それならお前が住んでみろと言われて、重役に申し上げると、望むを幸いに、早速給わった。
ある雨の夜、金蔵の家来が集まって怪談話になった。そのうち一人が便所に立ったのを見て、小坊主が靫《うつぼ》を壁のくずれた隙間から差し入れ、便所に入った人の腰をなでたところ、驚いて逃げ帰った。これは面白いと何度もやったので、誰が言うともなく、毛のはえた手でつかまれるということになった（靫とは矢を入れて背負う道具）。
それからしばらくして、何も知らない外から来た人が便所に行くと、靫が出てきて踊ったという。他の人が行ってみても、靫は狂ったように踊るのである。金蔵は初めに腰をなでた人の魂が入って動くのだと思い、靫を焼き捨てた。

「物のあやかし、かようの事ぞと、皆人にあんどさせて、この屋敷に八十余歳まで、堅固につとめける。金蔵人中の一言、その義理たがえず、ここに住みけるは、あっぱれ、武士の一心とぞ世の人ほめにき。[10]」

この義理は言行一致則ち自分の言葉に責任を持つことである。

「我が子をうち替え手」

丹後の文殊菩薩に参詣した大代伝三郎の子で十五歳になる伝之介と、同じ家中の七尾久八郎の子で十三歳の八十郎が、たがいに鞘とがめして、抜き合い、切り結び、八十郎が伝之介を討ち取った。

八十郎が家に帰って親に報告すると、同じ家中の者を殺したのだから覚悟しろと、書状を添えて八十郎を駕籠に乗せ、伝三郎方に送り、いかようにもお心まかせと申し入れた。

伝三郎はむざむざ討つべき子細なし、八十郎を家継ぎにしたいと殿にお願いし、お許しを得た。そこで名も伝之介と改め、大代伝三郎の子となり、成人の後は伝三郎の娘と結婚した。

この話は、自分の子が喧嘩相手を殺してしまったとき、親が責任を取らなければならないという義理で、一つの取り方を示したもの。なお題名の意味はわからない。

「約束は雪の朝食」

石川丈山は賀茂山にかくれて暮らしていた。そこに小栗なにがしという江戸で語り合った友が訪ねてきたが、すぐに備前に行くと言う。それなら十一月二十七日の朝、一緒に食事をしようと約束してたった。十月八日のことである。

十一月二十六日の夜、大雪が降ったので、明け方早く丈山が竹箒で雪をはいて道をつけていると、小栗が約束通りやってきた。柚味噌ばかりの膳を出すと、それを食べ終わって、また春まで備前にいると言って帰った。

これは約束の義理を果たすためにわざわざ備前から京まで来た話。

「具足着て是みたか」

武士は、人をあなどる言葉、かりにも言うまじき事ぞかし。[10]島原の乱のとき、後陣として西国大名も出陣することになった。同じ部屋に住んでいた中小姓四人の中に一人病人がいて、出陣できないことが残念でたまらない。いつまでもくどくど嘆くので、三人は、具足は重いから、経帷子を着たまえとからかった。無念なりと神に祈るうちに、病が治って、手も足も働くようになった。

いつぞやの恨みが忘れられないことを書き残し、具足と甲をつけ、槍をとって三人を相手に名乗りかけた。やむなく相手になった三人とも突き殺し、その死骸に腰掛けて自害した。

まわりの人たちは、この行動を道理として、その死を惜しみ、悪口を言った三人は役立たずと笑った。

侮辱されたときに報復するのは道理であり、義理であるということだ。

元禄十五年の赤穂浪士事件も、発端はいじめだと言われているが、浪士の行動は義に適うとして、赤穂義士と呼ばれている。いじめは不正行為であるが、一般には不正と認識されていないようだ。

(3) 近松の義理と人情

『心中天の網島』は近松門左衛門の作品で、初演は享保五（一七二〇）年である。[9] このドラマは、北新地の遊女小春と、小春と恋仲の治兵衛の女房おさんの心の交流を描いたものである。

紀伊國屋の小春は紙屋治兵衛にのぼせているので、それでは商売にならないと、紀伊國屋の親方は小春が治兵衛に逢えないように気を配っている。そのため二人は、いつか逢うことができたら、それが最期と思って心中しようと約束した。また、小春を身請けしようとしている独身で金持ちの太兵衛がいるが、もし太兵衛に身請けされることになったら、死んでしまうということも小春は約束している。

治兵衛のことを心配した兄の孫右衛門が、侍姿で小春を茶屋に呼び、話を聞いていた。小春の居場所を聞いた治兵衛がやってきて、格子の陰にかくれて中の様子をうかがっていると、侍姿の客が小春に、治兵衛と心中するつもりらしいが、心中などは愚の骨頂、五両や十両のカネはあるから助けてやろう、心の底を打ち明けよと囁く。小春は、ありがとうございます、まだ五年ある年期のうちに、他の人に身請けされては、「私はもとより、主（治兵衛）はなほ一分立たず、いっそ死んでくれぬか、アア死にましょと、引くに引かれぬ義理詰めにふっと言い交わし[9]」ましたが、私としても命は一つ、死にたくないのが本当の気持ち、どうぞよろしくお願いします、と言う。

これを聞いた治兵衛は、小春の約束はみんな嘘だったのかと、脇差しを抜いて小春を突いたが届かない。侍姿の客は素早く治兵衛の両手を格子の柱に縛り付け、小春をつれて奥へ行く。そこへ通りかかった太兵衛が治兵衛を見て、「紙屋治兵衛が盗みをして縛られた」と大声でわめいた。それを聞いて近所の人が集まると、店の中から侍姿の客が飛んで出てきて、太兵衛を投げ倒した。太兵衛は逃げだし、集まった人たちは太兵衛を追いかけて行く。

侍姿の客が治兵衛の手をほどき頭巾を取ると、治兵衛は「あっ兄さん、面目ない」と地面に泣き伏した。そして出てきた小春の額際を蹴り、「今日でお前とは縁を切った」と泣きながら兄の孫右衛門と帰っていった。

治兵衛がこたつでうたた寝をしているところに、おさんの母が孫右衛門を連れてやってきた。おさんの母は孫右衛門・治兵衛兄弟の亡父の妹で、兄弟にとっては叔母に当たる。孫右衛門の話では、念仏講の仲間が小春を天満の馴染みの客が今日明日にも請け出すと噂している。それを聞いた五左衛門（おさんの父）が、それは治兵衛のことに違いない、娘が大事、取り返そうと沓脱ぎに降りかけたのを押しとどめ、お前の本心を聞くために、こうして叔母と来たという。その噂は太兵衛のこと、今更私がそんなことをする筈が無いと治兵衛が言うので、孫右衛門は治兵衛に小春とは縁を切ったという誓紙を書かせた。

母と孫右衛門が安心して帰った後で、治兵衛がこたつで泣いているのを見たおさんは、「あんまりじゃ治兵衛殿、それほど名残惜しくば、誓紙書かぬがよいわいの」と嘆く。すると治兵衛は、「小春のことは心配していない。小春は親方がカネで太兵衛に押しつけるなら、私は死ぬと言っていたが、そんなことはあてにならぬ。それより太兵衛や問屋の連中に馬鹿にされるのがくやしい」と言う。

それを聞いておさんは、「ヤーホー、それなれば、いとしや小春は死にやるぞや。」と心配顔。一生言うまいと思ったが、むざむざ殺す、その罪も恐ろしく、大事なことをうち明ける。小春殿に不誠実はないけれども、二人の手を切らせたのは私のたくらみ。夫を死なせないで、とかき口説いた私の手紙を感じた小春から、

「身にも命にもかへぬ大事の殿なれど、引かれぬ義理合い、思い切る。[9]」

との返事。これほどの賢女が、あなたとの約束を反故にして、おめおめ太兵衛に添うものか。

「この人を殺しては、女同士の義理立たぬ。まずこなさん早う行って、どうぞ殺してくださるな[9]」と夫にすがり、泣き沈む。

小春を助けるには身請けの金が必要だが、それをどうすると言うと、おさんは紙屋商売の金をかき集め、さらに箪笥を開けて着物を取り出す。これで小春を請け出し、太兵衛とやらに男の面目を立ててくれ。と言われて治兵衛が、「小春を身請けして、お前はどうするのか」と聞くと、「あっ、そうだ。乳母か、飯炊きか、隠居でもしましょう」と泣く。許しておくれと手を合わせる治兵衛を送りだそうとしたところに、父親の五左衛門がやってきて、治兵衛に離縁状を書けと迫った。治兵衛は手をついてあやまり、おさんに添わせてくださいと頼んだが、あくまで書けと言われて、「おさん、さらば」と脇差しに手をかける。おさんはその手にすがりつき、離縁状など受け取らないと叫ぶ。もうよい、離縁状は要らぬと、五左衛門は無理矢理おさんを引っぱって連れて帰った。

治兵衛は女房を連れ去られ、小春は太兵衛に身請けされることになり、もう二人は死ぬしかない。その死の直前まで、小春はおさんがどう思うか心配している。

「私が道々思うにも、二人が死に顔並べて、小春が紙屋治兵衛と心中と沙汰あらば、おさん様より頼みにて、殺してくれるな、殺すまい。挨拶切ると取り交わせし、その文を反古にし、大事な男をそそのかしての心中は、さすが一座流れの勤め者、義理知らず、偽り者と、世の人千人、万人より、おさん様一人のさげしみ。恨み妬みもさぞと思いやり、未来の迷いはこれ一つ。[9]」

小春とおさんを結ぶ糸は義理と人情であった。人情はお互いの立場を思いやる心、同情である。義理はいろいろあった。

「引くに引かれぬ義理詰めに」の義理は、自分が言ったことに嘘はないことを示さなければならないということ。つまり自分の言葉に責任をもつという義理である。

「身にも命にもかへぬ大事の殿なれど、引かれぬ義理合い、思い切る。」これは、夫を助けてくれという妻の頼みを断ることはできないという小春の信念だろう。

「この人を殺しては、女同士の義理立たぬ。」これは、義理というより、小春を死なせたくないという人情ではないか。

「一座流れの勤め者、義理知らず」の義理は人の道だと思う。

⑷　義理とは負い目である

「義理人情とは、相手に対する負い目を正しく意識することこそが人間の自然の情であり、モラルの源泉である、という意味であると私は思う。[11]」

と佐藤忠男は主張した。これは長谷川伸の作品や、それを映画化した加藤泰の作品から佐藤が導き出した解釈である。

「長谷川伸・加藤泰の世界では、その主人公は、自分より弱い、あわれな自分よりもっとあわれな女のために忠をつくすというところにモラルの土台を持つのである。そのモラルの動機となる、相手に対する負い目は、ほとんどアプリオリに、ほとんど普遍的に描き出されている。すべての男は、すべての女に負い目があり、すべてのやくざは、すべての堅気の衆に負い目があり、すべての大人は、すべての子どもに負い目がある。ただそれを自覚するかどうかが、良い人間と、悪い人間との違いであり、その自覚をうながすことが彼らのドラマツルギーなのである。[11]」

しかし、このような普遍的な負い目があるとは考えにくい。負い目を普遍化するならば、良心の命令と言うべきだと思う。良心とは、本人が意識しているかどうかは別にして、すべての人が心の中に持っている道徳的な価値観であり、信念あるいは信仰に基づくものである。

負い目と義理人情の関係を知るために、長谷川伸の『沓掛時次郎[12]』（昭和三〈一九二八〉年）を見ることにする。

下総の博徒中ノ川一家は親分が召し捕られてから子分が散ってしまい、今では三蔵ただ一人になってしまった。それで反対派がこれをつぶしてしまおうとして今夜攻めてくることになっている。三蔵には女房おきぬと太郎吉という小さな男の子がいる。さらに、おきぬは現在二人目の子を妊娠している。

三蔵がおきぬと太郎吉をつれて旅に出ようとしているところに、敵方の三人が旅人の博徒沓掛時次郎をつれてやってきた。三人は三蔵に斬りかかるが、逆に傷を負わされる。そこで時次郎が挨拶し、三蔵もこれに応えて一騎打ちとなる。

時次郎「あっしは旅人でござんす。一宿一飯の恩があるので、怨みつらみもねえお前さんに敵対する、信州沓掛の時次郎という下らねえ者でござんす。」

三　蔵「左様でござんすか。手前もしがない者でござんす。ご丁寧なお言葉で、お心のうちは大抵みとりまするでござんす。」

三蔵が斬られて倒れると、傷を負わされた三人が家の中に入ってきて、おきぬと太郎吉を殺そうとする。時次郎は、女子供を喧嘩に巻き込まないのがばくちうちの約束だと言って、三人を追い払う。三蔵は時次郎におきぬと太郎吉を頼んで息絶える。

時次郎はおきぬと太郎吉をつれて中仙道熊谷宿の安宿に泊まり、時次郎の唄にあわせておきぬが三味線を弾き、わずかの金を貰って生活している。おきぬのお産が近いので、時次郎はもっと金が欲しい。

時次郎、おきぬ、太郎吉の間には家族のような愛情が生まれている。時次郎が太郎吉に「桜の花が咲く頃には、お前に弟か妹ができるんだぜ。死んだちゃんの子だからお前に似て可愛いだろうよ。」と言うと、太郎吉は知ってると答え、次のように言う。

太郎吉　「赤ん坊が小父さんの子だといいんだけど。そうすりゃ小父さんなんていわねえや。おとっちゃんといえらあ。」

おきぬ　「(急所を突かれて狼狽し) まあ、この子は。悪いことばかりいって。」

時次郎　「(笑い紛らせ) おきぬさん、冗談は抜きにして、稼ごう。弾いてもらおうか、俺の故郷の追分節。小諸出てみよ浅間ー。」

おきぬ　「え (涙ながら三味線をひく)。」

宿の主人安兵衛が、一日だけやくざの喧嘩の助っ人をしてくれたら一両稼げるという話を時次郎にもってくる。時次郎は、やくざから足を洗うつもりだったが、この話を引き受ける。時次郎の働きで喧嘩には勝ったが、その間におきぬは死んでしまった。時次郎は太郎吉をつれて出て行った。

礼に来た親分に安兵衛と妻のおろくは次のように話す。

安兵衛「おきぬさんは亭主でも情夫でもねえ時さんの世話になって、産んだ赤ん坊と共に死んじまった。親分、おきぬという人はね、夜明けまでは、自分の気一つでもがいて生きていた。なあ婆さん。

だけど、時さんが喧嘩の場所から矢のように飛んで帰ってきた時は、冷たくなっていたっけ。」

おろく「息を引き取る時まで、時さんに逢いたい、時さんは帰ってきてくれるかしらと、言い続けていましたよ。」

時次郎は一宿一飯の恩という博徒世界の掟に従って三蔵を斬ってしまったため、おきぬに負い目を感じることになった。そのため時次郎はおきぬと太郎吉を助けようと必死に働く。それに対して、おきぬは愛情をもって応えた。これが佐藤忠男の言う義理人情だ。

四　愛と正義

愛とは相手のすべてを受け入れることで、愛がなければ結婚生活は成り立たない。なぜかというと、結婚する前は、男と女は異なる文化の中で成長し、異なる文化を身に付けているのが普通だからだ。そういう男女が一緒に生活するのだから、結婚する前に身に付けた文化を主張するようでは共同生活はうまくいかない。異文化を受け入れるということは、ちょっとおかしいと感じても批判しないということである。つまり愛は善悪を超越し、相手のすべてを包み込むのである。夫婦がお互いに愛し合い、一体化するよう努力すれば、そこに新しい文化が育つだろう。性交渉は子供を産むためだが、それだけではない。夫婦が一体化するという精神的な意味も重要である。「真実の愛においては、魂が肉体を包む。[13]」（ニーチェ）という言葉があるが、これは本当だ。

人類は、人間が心（魂）と物（肉体）から成るという思想を発展させてきたが、この思想は我々の文化にとって不可欠のものである。心を失えば、人間は生きる意味を失い、破滅するにちがいない。そういう意味では現代文化は危険な方向に進んでいる。

幼児に対する母親の愛には生物学的な意味がある。人間の子は愛によって守られていないと、人間として育たないということだ。[14]しかし、いつまでも盲目的な可愛がり方をしていたのでは、社会人として成長しない。子供がある程度物事を理解するようになったら、両親は子供に、世の中にはやってはいけないことがあることを教えなければならない。つまり盲目的な愛から教育者的な愛に切り替えなければならない。

このようにして家族社会は愛を中心とする道徳的社会になるので、親も子も家にいるときは安心して落ち着いた気分になることができる。伊藤仁斎は「人の道は愛のみ」と言い、ティヤール・ド・シャルダンも「ただ愛のみが人間存在を集団としてまとめながら、人間存在にふさわしい完成を、人間存在に可能ならしめる」[15]と言った。

愛は人間が人間らしくなるための必要条件であるが、政治社会においては愛だけでは十分でない。人間は見ず知らずの人を愛することはできないから、政治社会においては、客観的な、則ち誰でも納得する道徳的な基準が必要である。それが正義だ。

正義とは何かについて、昔から多くの議論があった。古くから力の正義というものがあったし、今でもある。力の強い者が勝つことは正しいということだが、この考え方が今でも通用しているということは、人類がいまだに暴力以外の秩序原理を持つことができないということである。

現代文明は物質文明なので、もっぱら物の分配が問題になり、分配の正義に議論が集まっているが、正しい分配というものは無いと思う。アリストテレスは分配の正義について次のように述べている。

「配分における正しいわけまえは何らかの意味における価値に相応のものでなくてはならないことは誰しも異論のないところであろう。ただ、そのいうところの価値なるものは万人において同じではなく、民主制論者にあっては自由人たること、寡頭制論者にあっては富を、ないしはその一部のひとびとにあっては生まれのよさということを、貴族制論者にあってはは卓越性を意味するという相違がある。[16]」

人を評価し、それに従って分配するのが正しいということで、現在は能力評価が行われている。しかしその能力なるものは、役所や企業など特殊な社会の価値観によるものであって、どれが正しいということは無い。ある人にふさわしい物の量すなわち貨幣の量などというものは考えられない。人間の価値をカネで計ることはできないということが分配の正義に反対する理由である。

アリストテレスは法に従うことも正義としている。法は政治社会のルールであり、ルールに従うことは、他律であって自律ではないから、道徳的な正義ということはできない。法やその他のルールに従うことは公正と呼び、正義とは区別すべきである。ところで自律的な道徳はあり得ないという人（たとえばロック）もいるが、道徳は共感によって成り立つもので、共感は文化を共有することによって可能である。

和辻哲郎は「万民にその所を得しめる」という社会秩序を正義とした。[17]「万民にその所を得しめる」とは家族社会の秩序（長幼の序など）を言うのであって、国体思想によれば日本は天皇を父とする家族国家だったから、和辻はそれを正しいとしたのだろう。家族社会の秩序は愛によって維持されるから、和辻の考え方では愛が正となる。事実、彼は仁愛即正義と言った。しかし家族国家というのは仮説である。それに善悪・正邪を超越しているという愛の本質から言っても、愛と正は全く異質の観念である。

ニーチェは物と物の交換に正義の起源があると考えた。

「事物はそれぞれその価値を有する。一切はその代価を支払われうる。これが正義の最も古くかつ最も素朴な道徳的基準であり、地上におけるあらゆる好意、あらゆる公正、あらゆる善意、あらゆる客観性の発端である。[18]」

ここには家族もないし、愛もない。日本とは全く違う文化であるが、日本文化に欠けていたものがここにはある。正義と客観性である。

物と物とを交換するとき、それが等価であることをどのようにして決めるか。物の価値は時と所によって変わる。沢山あるものは価値が低く、少ないものは価値が高い。そこで基準になるものとして貨幣が考案された。貨幣には単位が必要となるから、一円、二円というように数の計算が必要になり、数学が生まれたと想像しよう。数学の等式においては、左辺と右辺が釣り合ったときに正しいとする。また、物の量を重さで量るときには、天秤で左右が釣り合ったときが正しい。このことから人と人とも釣り合ったときが正しいと考えることができる。

現在の人類はアフリカで誕生した人間が地球上に拡散したもので、すべて一人の母の子孫だと言われている。そうだとすると、我々はみんな兄弟姉妹と言ってもいいわけだから、人と人に差は無いと考えるべきだろう。

従って、すべての人は対等であり、人と人は釣り合っていると考えよう。釣り合いの状態が正しい状態だから、釣り合いを保つ行為が正しい行為であり、正義である。

それはどんな行為かというと、すべての人は自分と対等と考えて、敬意をもって応対することである。汚い言葉で相手を罵ったり、暴力を振るったり、反対に、必要以上に相手に迎合するのは、不正行為であるということになる。

約束を守ることは、当事者の釣り合いを維持しているわけだから、正しい行為である。従って、約束の義理は正義であるが、義理は心の問題だから第三者には、正義が行われたか、不正があったか、わからない。政治家が有権者に約束した場合のように、第三者が正・不正を認識できることは重要である。日本人が人情から義理に到達したのは素晴らしいことだったが、それを正義に拡張できなかったのは残念であった。

西鶴の義理の中に、侮辱に対する仕返しには道理があるという話があった。侮辱は不正だということである。暴力も含めて一般的にいじめは不正行為であり、犯罪であると思うが、現在の日本社会にそういう認識は無いようだ。その理由は、いじめが人の心を傷つけることを想像できないということで、要するに正義感がないのだ。

愛と正義は矛盾するから、どちらを採るか悩むことがある。これは道徳感覚にとって貴重な経験であり、小説や映画のテーマにもなっている。『心中天の網島』の小春も治兵衛に対する愛とおさんに対する義理（約束の正義）にはさまれて悩んでいた。

文献

1　貝塚茂樹編『孔子／孟子』　中央公論社　一九七八
2　小林勝人訳注『孟子　上下』　岩波文庫　一九七二
3　三浦國雄訳『「朱子語類」抄』　講談社学術文庫　二〇〇八
4　朱熹・呂祖謙編著　福田晃市訳解『基礎からよく分かる「近思録」——朱子学の入門書』

5　伊藤仁斎著　清水茂校注『童子問』　岩波文庫　一九七〇
6　尾藤正英編『荻生徂徠』　中央公論社　一九八三
7　吉川幸次郎他校注『日本思想大系　荻生徂徠』　岩波書店　一九七三
8　西野春雄校注『新日本古典文学大系　謡曲百番』　岩波書店　一九九八
9　鳥越文蔵他校注・訳『近松門左衛門集2』　小学館　一九九八
10　井原西鶴著　太刀川清編『西鶴選集　武家義理物語』　おうふう　一九九四
11　佐藤忠男著『長谷川伸論』　岩波現代文庫　二〇〇四
12　長谷川伸著『瞼の母／沓掛時次郎』　ちくま文庫　一九九四
13　ニーチェ著　木場深定訳『善悪の彼岸』　岩波文庫　一九七〇
14　澤口俊之著『幼児教育と脳』　文春新書　一九九九
15　ピエール・ビュルネ著　及川馥訳『愛』　文庫クセジュ　一九七四
16　アリストテレス著　高田三郎訳『ニコマコス倫理学　上』　岩波文庫　一九七一
17　和辻哲郎著『倫理学3』　岩波文庫　二〇〇七
18　ニーチェ著　木場深定訳『道徳の系譜』　岩波文庫　一九四〇
19　田中冨久子著『脳の進化学　男女の脳はなぜ違うのか』　中公新書ラクレ　二〇〇四

明窓出版　二〇〇九

第七章　日本はどんな国か

平成五（一九九三）年八月、細川護煕首相は日本の戦争を侵略戦争とし、所信表明演説において「過去のわが国の侵略行為や植民地支配などが多くの人々に耐えがたい苦しみと悲しみをもたらしたこと」に対し深い反省とお詫びの気持ちを表明した。細川がどの戦争を指しているのかはっきりしないが、韓国に対して日本の植民地支配に言及し、侵略者として深く反省して謝罪したということだから、明治以後のすべての戦争を考えていると思う。[1]

平成六（一九九四）年、羽田内閣の法務大臣になった永野茂門は、一九三〇〜一九四〇年代に日本が行った戦争は「植民地解放と大東亜共栄圏建設ということをまじめに考えた」から「あの戦争を侵略戦争という定義づけはまちがっていると思う。」とし、また、南京事件はでっち上げだと思うし、慰安婦は軍の公娼にすぎないと言明した。[1] こういう話を聞くと、戦前の日本が何をしたかについて、つまり歴史認識が分裂していることがわかる。

私は明治憲法時代の戦争はすべて国体信仰による戦争だと思っているので、以下にその理由を説明しよう。

一　国体とは何か

国体とは、日本は世界で最も優れた国だという世界観である。どういうところが世界一なのかということから始まり、そんなに良い国なら、その良いところを世界に広めるべきだということになったわけだ。

山鹿素行の知仁勇

山鹿素行（一六二二―一六八五）は知仁勇の徳において日本は世界で最も優れた国だと主張した。「これは私が勝手に言っている私論ではなく、天下の公論であります。[2]」

第一に、天皇の血統が天照大神から絶えることなく続いているのは、天皇が仁義の徳に厚かったからである。

第二に、上下の道が明らかになり、国が平和に治まって、人民が安心して暮らしているのは、臣下に聖人のような知恵があることを示している。

第三に、「勇武の道について申しますならば、三韓を征伐して我が国へ貢ぎ物を献上させ、高麗を攻めてその王城を陥れ、日本府を異朝にもうけて、武威を世界に輝かしたことについては、古から今にいたるまで同様であります。[2]」とある。素行の勇は武力のことであった。

本居宣長の太陽神

本居宣長（一七三〇－一八〇一）は、太陽神天照大神が生まれた国というところに日本が世界一の国であることを発見した。

「この日本国は、おそれ多くも皇祖神天照大神の出現なされた国であって、万国にすぐれているゆえんは、まずここにいちじるしい。国という国で、この大御神の恩恵にあずからぬ国はない。[3]」

宣長は中国の聖人を崇拝している日本人がいることに腹を立てた。

「いったい、この世を照らしておいでになる日の神をば、かならず尊ばねばならぬことを知ってはいるが、天皇を畏れ敬わねばならぬことを知らぬ連中も出てきたのは、漢土のでたらめな風俗をありがたがって、正しい皇国の道を知りえず、いま世を照らしている天なる日の神がすなわち天照大神にほかならぬことを信ぜず、今の天皇がとりもなおさずこの天照大神の御子であることを忘れたからに相違ない。[3]」

漢土のでたらめな風俗とは、誰でも王になれるということだ。

「異国は天照大神の国ではないからきまった君主がいない。だから国を乗っ取りさえすれば誰でも君主に成り上がることができる。そういうなかで、人の国を奪い取って人々を手なづけ、うまく国を治めた人を漢土では聖人というのだ。[3]」

宣長の考え方は、昔からのきまりに従うのが善いことだというのである。日本では天皇は天照大神の子孫にきまっているし、人民は神を祀って祈ることにきまっている。そういうきまりがなく、いろいろ議論する国はつまらない国である。

「すべてこの世の中のことは、春秋の移り変わり、雨降り風の吹く類いから、国の上、人の上のあらゆる吉凶のことにいたるまで、みな残らず神のしわざである。[3]」

だから人間があれこれ言っても意味が無いということだ。

会沢正志斎の国体論

会沢正志斎（一七八二―一八六三）は水戸の彰考館（徳川光圀が大日本史編纂のために設立）に所属し、『新論』を著して国体を論じた。[4] 彼は本居宣長の世界観を先に進め、日の神の子孫である天皇は世界の君主として万国を統治するのが当然と考えた。そして、それを実現する道筋を日本の国体として作り上げた。
まず第一に、世界に秩序をもたらすものは絶対者としての天の仕事である。天は世界秩序の実現という天の事業（天業）を天照大神に任せた。天命を受けた天照大神は天業を実行するために日本を建国し、この天職を子孫である天皇に伝えた。これによって日本人の天皇に対する忠という大義がきまった。つまり忠とは代々の天皇に仕えてその天職に協力することである。
次に、天照大神は日本人に親に対する孝を教え、祖先を祭ることを教えた。

「孝は君への忠の心を生じ、忠はその祖先の志をつぐ所以であり、こうして忠孝の根源を一つとし、人民の教化と風俗の美化は不言のうちに行われる。[4]」

忠孝の道により日本は一つの家族国家になった。
さらに天照大神は武力によって国土を開拓することを教えた。日本が武勇の国であることは既に山鹿素行が述べているが、会沢はこれも天照大神が子孫に与えた方針だとしている。従って、「夷狄を駆逐して領土を開拓すれば、天祖の御神勅と天孫の御事業に含まれた深い意味は、はじめて実現されるのである。[4]」としている。

会沢の国体をまとめると、

(イ) 天皇の使命は天業を行うことである。
(ロ) 天照大神は日本を忠孝一致の家族国家にしたので、これを拡大して世界を一つの家族とすることが天業になった。
(ハ) 従って、日本は武力によって領土を拡大し、世界一家（八紘一宇）を実現することを使命とする国である。

会沢は、「仁を世界に及ぼし、蛮夷を赤子のように慈しむのは、蛮夷が朝廷を慈父のように仰ぎ見るにいたる所以である。[4]」と言っているから、仁によって外国人を家族に取り込むことができると思っている。

吉田松陰の国体思想

吉田松陰（一八三〇－一八五九）は、一八五一年十二月、水戸に行って会沢正志斎と話し合った。そして日本とはどういう国かを知った。「吾今にして皇国の皇国たる所以を知れり。」と言ったそうだ。[5]
一八五四年三月、松陰はアメリカ軍艦によって密航しようとして拒絶された。十月、密航を企てたことで、萩の野山獄に入れられる。
一八五五年三月、僧月性に与えた書に言う。

「ロシア・アメリカと講和一定、決然として我よりこれを破り、信を夷狄に失うべからず。ただし章程を厳にし、信義を厚うし、その間をもって国力を養い、取りやすき朝鮮・満州・シナを切りしたがえ、交易にて露米に失うところはまた土地にて鮮満にて償うべし。[6]」

同年四月、来原良蔵に与えた書にも次のように言っている。

「和親によって露米を抑え、富国強兵によって満州・朝鮮を奪い、しかるのち米を拉し欧を打つ。[6]」

一八五五年、野山獄で書いた士規七則の一つに次の意見がある。

「およそ皇国に生まれたからには、わが国が世界各国より尊いわけを知っていなければならない。思うに、皇室は万世一系であり、士や太夫は代々禄を受け地位を継いでいる。君主は人民を養い、祖業を継がれ、臣民は君主に忠義をつくし、もって父の志を継いでいる。君臣一体、忠孝一致、これはわが国だけの特色である。[6]」

一八五五年六月から翌年六月までの一年間、『孟子』を講読したときの「講孟余話」から引用する。

「聞くところによると、近頃道をわきまえぬヨーロッパの諸国は、それぞれ賢智の人物を推挙し、その政治を革新し、たいへんな勢いでわが国を凌侮する形勢にある。われわれはどのような方法でこれを制することができるだろうか。それはほかでもない。前に論じたように、わが国体がそもそも外国とは異なっている。その意義を明らかにし、日本全体のためには全国の人々が皆いのちを投げだし、藩全体のためにはその藩の人すべてがいのちを投げだし、臣は君のために殉じ、子は父のために殉ずる、という志が確固不動のものとなっているならば、どうして西欧諸国を恐れる必要があろうか。[6]」

「嘉永六年（一八五三）と安政元年（一八五四）にはアメリカ、ロシア両国の使節がわが国に来航し、開港を要する事態が発生した。この事態に直面するや、こともあろうに皇国のすぐれた国体をゆがめて、卑しむべき異国に屈するとはなにごとであるか。[6]」

「いまわが神州を興隆に導き、四方の夷狄を討伐するのは、これ仁道である。[6]」

吉田松陰が会沢正志斎に会って、直接その国体論を聞いたことは、その後の日本の方向を決めた重大な事件だった。というのは、松陰の教えを受けた若い長州藩士が政権を握り、長州が育てた陸軍に国体思想が伝わったと思うからだ。特に、まず朝鮮・満州を獲り、国力を充実させてから欧米を討つという松陰の方針は、その後の日本の進んだ方向と完全に一致していることに注目すべきである。

二　明治維新から昭和の敗戦まで

木戸孝允は明治元年十二月十四日の日記に次のように書いている。

「使節を朝鮮に遣わし彼の無礼を問い、彼もし服せざるときは罪を鳴らして攻撃、大いに神州の威を伸張せんことを願う。[7]」

しかし、朝鮮に無礼は無かったと井上清は言っている。それではなぜ朝鮮を攻めるのか。木戸は松陰の言葉が頭にあったと思うが、まだ国内の体制が整っていないときだから、とても戦争は無理だったろう。

明治十年に木戸孝允は病死、西郷隆盛は西南戦争に負けて自刃、明治十一年には大久保利通が暗殺され、政府が動揺しているところに自由民権運動の波が押し寄せた。

「主要都市には秘密結社がいくつも結成され、人々の間には革命の息吹に似たものが吹き抜けている。[8]」

とフランスの新聞記者は報告した。

政権内部も、国体派の伊藤博文と自由派の大隈重信が対立していたが、明治十四年、伊藤博文と黒田清隆の薩長連合が大隈を政府から追放し、国会開設の勅諭を明治天皇に出してもらうことで決着した。このとき山路愛山は次のような感想を述べた。

「薩長氏はかって人材を集めるの急務なるを感じたるがゆえに、なるべくその門戸を広くして有為の人物を歓迎したり。彼らはまた模倣政策の信者なりしがゆえに、しきりに外国の文物を輸入せり。民政自由の議論すらもなるべくはこれを輸入したり。しかれども彼らはようやくにして民政自由の議論を盛んならしむるは、虎の子を養うよりも恐ろしきものなることを感ずるに至れり。[9]」

「明治十五年の朝野新聞に曰く、今年以来、何となく、忠孝仁義の説が出現して参る。[9]」

明治十七（一八八四）年、朝鮮で金玉均らの急進開化派がクーデターを計画し、竹添進一郎日本公使は公使館守備兵を参加させた。王宮になだれ込んだ開化派のクーデターは成功したかに見えたが、袁世凱の指揮する清国軍に攻撃されて敗走した。朝鮮は清国と宗属関係にあったから、朝鮮を支配するためにはこの関係を断ち切らなければならないことは明らかだった。

明治二十二（一八八九）年二月十一日、大日本帝国憲法が発布された。伊藤博文の『憲法義解』によると、第一章は国体を示したもので、新しく考えたものではない。

「憲法に殊に大権を掲げて之を条章に明記するは、憲法によって新設の義を表するに非ずして、固有の国体は憲法に由りて益々強固なることを示すなり。[10]」

特に国体そのものと考えられるものは、次の三つである。

第一条　大日本帝国は万世一系の天皇之を統治す
第三条　天皇は神聖にして侵すべからず
第十一条　天皇は陸海軍を統帥す

明治二十三（一八九〇）年十月三十日、教育勅語が発布された。まず日本は忠と孝によって結合された家族国家であると言う。また、「一旦緩急あれば義勇公に奉じ、以て天壌無窮の皇運を扶翼すべし」とは、八紘一宇の戦争に参加せよということである。最後に、「この道は我が皇祖皇宗の遺訓にして子孫臣民の遵守すべき所、之を古今に通じて謬らず之を中外に施して悖らず」とあるのは、忠孝の道は永遠にして普遍だということだ。憲法と教育勅語によって国体信仰を国家宗教とする体制が整った。

明治二十七（一八九四）年の日清戦争は、清国から朝鮮を取り上げるための戦争であった。宣戦布告は八月一日である。開戦するに当たって陸奥宗光外務大臣が最も心配したのはロシアとイギリスの動向だったが、ロシアは兵力不足のため戦争への介入を見送り、イギリスはロシアの南下を心配していたので、日本に反対しなかった。

明治二十八（一八九五）年四月十七日、下関で日清講和条約が調印された。主な項目は次の三点である。

(1) 朝鮮が独立国家であることを承認する
(2) 遼東半島、台湾、澎湖列島を日本に割譲する
(3) 賠償金二億両（約三億円）を日本に支払う

ロシアはフランス、ドイツを誘って遼東半島を放棄するよう日本に申し入れ、日本はやむを得ずこれを受け入れた。日本の朝鮮支配を阻止しようと、清に代わってロシアが前面に出てきたのである。

ところで日本国民は日清戦争をどう見ていたか。陸奥によると、最も多いのは弱きを助け強きを挫く義侠の戦いというものであった。また帝国主義という者もいたが、折角鉄道施設の権利を得たのに、進んで朝鮮に行って鉄道を作ろうという人はいないという。

「或いは日本政府より損害補償の担保を得たしといい、或いはその資金に対し特別の補助金を得たしといい、政府が直接間接に国庫の負担を引き受けざるも、彼自奮してこの事業を企つべしという者はなく、外交上既得の譲与もまたついに画餅に帰するに至れり。[11]」

一八九七年、朝鮮は国名を大韓と改め、国王は皇帝と称することになった。

一九〇〇年、清国で義和団の乱が起こり、北京に迫ったので各国は兵を出して公使館を守った。義和団が鎮圧されて各国は兵を引き揚げたが、ロシアはその騒ぎに便乗して満州を占領してしまった。

ロシアの韓国への侵入を恐れた日本と、ロシアの中国本土への南下を心配したイギリスの利害が一致して、一九〇二年に日英同盟が結ばれた。ロシアは満州から撤兵せず、さらに鴨緑江を越えて韓国側で工事を始めたので、日本は韓国支配をやり通すためにロシアと戦うことになった。

明治三十七（一九〇四）年二月十日、日本はロシアに宣戦布告した。翌年五月、日本政府はアメリカ大統領セオドア・ルーズベルトに講和の斡旋を依頼した。九月五日、ポーツマスで講和会議が開かれ、次の条件がきまった。

(1) 韓国を日本の保護国とする
(2) 樺太南部を日本に譲渡する
(3) ロシアが持っていた遼東半島の租借権と南満州鉄道を日本に譲る

明治三十八（一九〇五）年十一月十七日、伊藤博文は韓国を保護国とする条約を結ぶ。そして明治三十九年二月、韓国統監府を設置し、初代統監になる。

明治四十二（一九〇九）年七月、閣議で韓国併合方針を決める。この前後から伊藤博文は「日韓一家」という言葉を使いはじめたという。[12] そうすると韓国併合は八紘一宇の最初の一歩だったことがわかる。そう考えると、日本政府が韓国に天照大神や明治天皇を祭る神宮を建立し、韓国人に日本風の姓名に変えるよう要求した理由もわかる。明治四十三年に韓国を併合した。

大正時代になると、薩長出身の元老が相次いで亡くなり、国際環境も大きく変わった。国体信仰の推進者も居なくなったかと思ったが、それは陸軍の若手将校によって受け継がれていた。

一九一二年一月一日、孫文を臨時大総統とする中華民国臨時政府が南京で樹立された。日本は清朝の存続を望んだが、イギリスやアメリカは清朝の統治能力に見切りをつけ、清朝政権の実権を握った袁世凱を支持し、革命派と交渉させた。その結果、孫文は清帝の退位と共和制の実現などを条件として袁世凱を臨時大総統とすることに同意した。二月十二日に清朝最後の宣統帝は退位し、袁世凱は十月に正式の大総統になった。

一九一四（大正三）年六月二十八日、ボスニアのサラエボでオーストリア皇太子が暗殺されたことをきっかけにして、ヨーロッパで第一次世界大戦が始まった。

日本は八月二十三日にドイツに宣戦布告し、山東半島膠州湾のドイツ軍を攻撃した。同盟国のイギリス軍も青島攻撃に参加し、ドイツ軍は十一月七日に降伏した。また、日本の第一艦隊は赤道以北のドイツ領南洋群島（マリアナ・カロリン・マーシャル諸島）を占領した。

一九一五（大正四）年一月、袁世凱大総統に二十一箇条の要求を提出した。その中で重要と思われるものは、山東省のドイツ権益を日本に与えること、旅順・大連の租借期限と満鉄・安奉鉄道の期限を九十九年延長することなどである。袁世凱は日本の要求を受諾した。

一九一七（大正六）年、ロシアで社会主義革命が起こり、帝政が崩壊した。

一九一八（大正七）年十一月、連合国とドイツの休戦協定が調印された。

第一次大戦の結果、四つの帝国（ドイツ、ロシア、オーストリア・ハンガリー、オスマントルコ）が崩壊し、多くの民族が独立した。世界は日本が考えているような統一帝国実現ではなく、多様な文化が並存する国家群の方向へ進んだ。


一九二一（大正十）年十一月、アメリカの呼びかけでワシントン会議が開催された。参加国は、アメリカ・日本・イギリス・フランス・イタリア・ベルギー・オランダ・ポルトガル・中国の九カ国である。中国として招かれたのは袁世凱の北京政府であった。アメリカが太平洋地域の秩序作りに乗り出したのであって、第一次大戦後アメリカの発言力が強くなったことを示すものである。

この会議で決まった重要なことは、第一に戦艦保有率を決めたことで、アメリカとイギリス各五に対して日本は三となった。第二に日英同盟の廃棄である。第三には中国の門戸開放と機会均等が条約としてまとめられた。中国における日本の独走は認めないということだ。

一九二二年一月、会議は閉会した。

国際社会は急激に変化したが、日本は国体信仰の目標としての八紘一宇を変えようとはしなかった。相変わらず日本は天皇を父とし国民はその赤子であるという家族国家であった。大正十（一九二一）年に安田善次郎（安田財閥の創業者）を暗殺した朝日平吾の遺書に次の一節がある。

「吾人は人間であると共に真正の日本人たるを望む。真正の日本人は陛下の赤子たり、分身たるの栄誉と幸福とを保有し得る権利あり。しかもこれなくして名のみ赤子なりとおだてられ、干城なりと欺かる、すなわち生きながらの亡者なり、むしろ死するを望まざるを得ず。[13]」

同じ大正十年十月、ドイツのバーデンバーデンに陸軍の若手幕僚の永田鉄山少佐、岡村寧次少佐、小畑敏四郎少佐が集まって、これからの戦争は国家総動員態勢で行われることを話し合った。翌日には東条英機少佐も加わったという。第一次大戦が終わった直後から、昭和の戦争の準備が始まっていたことがわかる。

国家総動員体制は、大正十五年の陸軍整備局の新設に始まり、永田鉄山中佐が初代動員課長になった。[14]

彼らの計画は昭和六（一九三一）年の満州事変によって明らかになる。満州事変を計画し実

行した石原莞爾関東軍参謀は、

「日本国体をもって世界のあらゆる文明を総合し、彼らにその憧憬せる絶対平和を与うるはわが大日本の天業なり。[15]」

と言ったそうだ。

石原莞爾は昭和維新の目的は東亜連盟の結成にあると言う。そのとき天皇は東亜諸民族の盟主と仰がれる。次に日本とアメリカの間で最終決戦が行われると予想した。

「しかしこの大事業を貫くものは建国の精神、日本国体の精神による信仰の統一でありま す。政治的に世界が一つになり、思想信仰が統一され、この和やかな正しい精神生活をするための必要な物資を喧嘩してまで争わなければならないことがなくなります。そこで真の世界の統一、即ち八紘一宇が初めて実現するであろうと考える次第であります。[16]」

石原は国体思想による世界の統一が可能だと信じていた。

昭和九（一九三四）年、林銑十郎陸相は永田鉄山少将を陸軍省軍務局長に任命した。そのとき陸軍省が発行した『国防の本義と其強化の提唱』というパンフレットに、

「国防の基幹たるべき我が武力は、皇道の大義を世界に宣布せんとする破邪顕正の大乗剣である。[17]」

と述べている。日本軍は皇道即ち八紘一宇という信仰を世界に宣布するために戦うということであるから、日本の戦争は宗教戦争であり、聖戦であると宣言したのである。

永田や石原の昭和維新とは別に、隊付将校の昭和維新運動があり、青年将校運動と呼ばれた。陸軍は誕生以来長州閥に支配されていたが、山縣有朋の死後は、いろいろな派閥に分かれて主導権争いが行われたようだ。くわしいことはわからないが、昭和初期には幕僚中心の統制派と青年将校に指導者として期待されていた皇道派に分かれていた。皇道派の指導的人物は荒木貞夫大将と真崎甚三郎大将とされている。

昭和十年八月、真崎が教育総監をやめさせられたとき、これを統制派の陰謀と感じた皇道派の相沢三郎中佐が陸軍省の執務室で永田鉄山少将を刺殺した。この事件の証人として訊問された大岸頼好大尉（青年将校運動の指導的立場にあった）は次のように彼の信念を述べている。

「維新なるものの真髄は、まず第一に我々が現人神陛下の子であり、赤子であるという自覚、信仰である。[18]」

「天皇陛下即ち日本国で、我々赤子は陛下の分身、分霊でありまして、この信仰の上に立って、その日その日の生活を充実、発展して行くことが、即ち維新であり、改造であると信じます。[18]」

これを読むと、青年将校の昭和維新は日本を国体的家族国家にすることだったことがわかる。同じことを大蔵栄一大尉は次のように表現した。

「妖雲（天皇を取り巻いている元老など）を払い除いた暁は、天皇に二重橋の前においでいただいて、国民といっしょに天皇を胴上げしようではないか。[13]」

こういう信条を持った人たちが起こした事件が昭和十一年の二・二六事件であった。彼らの決起趣意書は次のように言う。

「謹んで惟るに我が神州たる所以は、万世一神たる天皇陛下御統帥のもとに、挙国一体生々化育を遂げ、終に八紘一宇を完うするの国体に存す。」

決起の目的は、国体破壊の元凶である元老・重臣・軍閥・官僚・政党等を除くことである。そして最後に、

「ここに同憂同志機を一にして決起し、奸賊を誅滅して大義を正し、国体の擁護開顕に肝脳をつくし、以て神州赤子の微衷を献ぜんとす。

皇祖皇宗の神霊ねがわくは照覧冥助を垂れ給わんことを。

昭和十一年二月二十六日

陸軍歩兵大尉　野中四郎

外同志一同[19]」

しかし実際の天皇が彼らの心の中の天皇と違っていたことは悲劇だった。彼らは処刑されるとき、天皇陛下は実在するのだろうかと疑問を感じたかもしれない。それを思うと哀れである。

昭和十二（一九三七）年六月四日、国民の期待を担って近衛文麿内閣が誕生した。そして七月七日の盧溝橋事件をきっかけとして日本は中国との本格的な戦争に突入した。このとき石原

莞爾は戦争不拡大を主張したが、拡大派に敗れて左遷された。

近衛は会議に出席してもほとんど発言せず、ひとの話を聞くだけだったという。彼に指導力が無く、総理の器でないことは自他共に認めるところだったが、近衛新体制運動で担がれると本人もその気になったらしい。一九四〇年七月、第二次近衛内閣が成立した。ここで近衛が呼び出されたのは、ヨーロッパで第二次世界大戦が起こり、ドイツがオランダやフランスを降伏させた勢いを見て、日本中が興奮したからである。

「バスに乗り遅れるなといろめきたったのは、軍部ばかりではなかった。世界情勢の激動に対処し、ドイツのヨーロッパ新秩序に呼応して、南方をふくめた大東亜新秩序をつくりあげよう、そのためにも、ドイツのような強力な国内政治の新体制が必要だという声が、政界・言論界にひろがっていった。[20]」

一九三八年に第一次近衛内閣が発表した「東亜新秩序」の東亜とは日本・満州・中国のことだが、今度の大東亜とは、これに南方の仏印と蘭印を含むものである。

「陸海軍が南方進出を熱心に唱えるにいたったのは、東亜新秩序圏内では調達しがたい軍需上の資源が東南アジア地域に豊富に存在していたことによること大であった。[21]」

一九四〇年八月一日、近衛内閣は基本国策要綱を発表した。世界は歴史的一大転機を迎え、皇国も有史以来の試練に直面しているという認識のもとに、八紘一宇という肇国の精神にもとづいて世界平和を実現しなければならない。そのためにはまず皇国を核心とし日満支の強固なる結合を根幹とする大東亜の新秩序を建設しなければならないということだ。

この日、松岡洋右外相は次のような談話を発表した。

「自分は年来皇国の使命は皇道を世界に宣布することであると主張してきたが、国際関係の上から皇道をみると、それは各国民、各民族に各々その所をえしめることに他ならないと思う。[21]」

松岡は大東亜新秩序のことを大東亜共栄圏と呼んだが、内容は同じで、天皇を父とする家族的な秩序を共栄圏と呼んだのである。

一九四一年七月二十八日、日本軍が南部仏印に進駐すると、アメリカは対日石油輸出を全面的に停止した。これに対して日本では海軍を中心として対米強硬論が高まった。石油の貯蔵は二年分しかないから、開戦するなら早い方がよい。ただし勝てるかどうかはわからないというのであった。海軍は戦争するかしないかは首相が決めてくれという態度をとったが、近衛はどちらとも決められない。それで東条英機にまかせることになった。

三　日本の戦争は宗教戦争である

以上の経過から、明治から昭和に及ぶ日本の戦争は、すべて八紘一宇を目標とする戦争であり、国体信仰による戦争であったと私は結論した。国体は憲法と教育勅語によって国民に強制された思想であり、国家宗教と言ってよいものであるから、宗教戦争と言うことができる。それを裏付けるのが特殊な性格を持った靖国神社の存在であった。

日本は侵略のために戦争をしたのではなく、日本文化を広めるために戦争したのだから、本来謝罪する必要はない。戦争をするときにはその目的を明らかにしなければならないのだが、歴代の内閣にはその自覚がなかった。

どんな戦争でも第三者から見ると侵略戦争に見えるもので、アメリカのベトナム戦争も侵略戦争にしか見えないが、アメリカは共産主義封じ込めを大義名分としていた。しかしベトナムの目的はフランスからの独立で、中国共産党やソ連共産党のお先棒を担いだのではなかった。そんな間違った戦争だったのに、アメリカがベトナムに謝ったという話は聞いていない。戦争そのものは犯罪ではないからだ。

第二次大戦では、アメリカは原子爆弾や焼夷弾で多数の非戦闘員を虐殺したし、ソ連も多くの日本人をシベリアに抑留したり、北方領土を占領するなど理不尽なことをした。日本の軍隊に虐殺行為があったとしても日本だけが責められる理由は無い。

細川が日本の戦争を侵略戦争として謝罪したということは、首相として甚だ不見識な発言であった。また永野が日本の戦争を美化したのは主観的な歴史観であり、客観性はない。

四　戦後の出発

(1)　一億総懺悔

一九四五年八月二十八日、東久邇宮首相は記者会見で一億総懺悔を説いた。

「事ここに至ったのは、もちろん政府の政策がよくなかったからであるが、また国民の道義のすたれたのもこの原因の一つである。この際私は軍官民、国民全体が徹底的に反省し懺悔しなければならぬと思う。一億総懺悔することが我が国再建の第一歩であり、国内団結の第一歩と信じる。[22]」

さらに続けて、

「今日においてなお現実の前に眼を覆い、当面を糊塗して自らを慰めんとする如き、また激情にかられし事端をおおくするが如きことは、とうてい国運の恢弘を期する所以ではありません。一言一行ことごとく、天皇に絶対帰一し奉り、いやしくもあやまたざることこそ臣子の本分であります。[22]」

と述べた。これは国体を信じている人の言葉で、懺悔は神であり父である天皇に対して行うものである。

⑵ 超国家主義 歪曲された国体

丸山眞男は連合国が日本の体制をウルトラ・ナショナリズム（超国家主義）と呼んでいることを知り、その実体を究明しようとした（一九四六年五月[23]）。もし丸山が国体思想を知っていれば、わざわざ連合国の言うことを取り上げる必要はなかったのだが、彼は国体の意味、内容を知らなかった。むしろ知ろうともしなかったと言うべきだろう。八紘一宇を単なるスローガンとし、まじめに取り上げるに値しないと言っているからだ。

この論説には国体という言葉が二度出てくる。一つは、「国家が国体において真善美の内容的価値を占有する」。もう一つは、「国法は絶対的価値たる国体より流出する」である。そうすると国体とは真善美の内容であり、それは絶対とされているということになる。そんなことができるとは思えないが、仮にそうだとしたら、学問・芸術などの文化活動は不可能だった筈だ。しかしそんなことはなかったから、丸山の国体は彼の想像に過ぎない。

丸山はヨーロッパの近代国家と日本を比較し、日本の政治指導者は常に天皇によって動かされていたので、彼らは自立していないと考えた。そして超国家主義の構造を次のように無限に長い円筒でモデル化した。

「天皇を中心とし、それからさまざまな距離において万民が翼賛するという事態を一つの同心円で表現するならば、その中心は点ではなくして実は之を垂直に貫く一つの縦軸にほかならぬ。そうして中心からの価値の無限の流出は、縦軸の無限性（天壌無窮の皇運）によって担保されているのである。[23]」

無限の縦軸は万世一系の皇統を表している。天皇は窮極的価値の実体とされているが、一人ひとりの天皇が主体的に価値を決定するのではなく、皇祖皇宗と一体となって価値を体現しているというのである。無限に長い円筒を垂直に切ると、その切り口は普通の国家主義を表すが、無限に長いところがウルトラたる所以であるというのだろう。無限に長い中心軸の一つの点が一人の天皇だから、個々の天皇には責任が無い、どこに責任があるかわからないと言いたいのである。

これだけのことを言うのにヨーロッパを引き合いに出す必要はないと思うが、丸山はヨーロッパを基準にして日本が劣ると言いたいらしい。近代国家では、「思想・信仰・道徳の問題は私事として主観的内面性が保証され、公権力は技術的性格を持った法体系の中に吸収された。[23]」とする。ところが日本政府は真善美を占有し、国民に干渉してくる。だから日本の指導者は自立性がなく頼りない。「ここには真理と正義にあくまで忠実な理想主義的政治家が乏しいと同時に、チェザーレ・ボルジャの不敵さも見られない。慎ましやかな内面性もなければ、むき出しの権力性もない。すべてが騒々しいが、同時にすべてが小心翼々としている。この意味において東条英機氏は日本政治のシンボルと言いうる。[23]」

この論説の特徴は欧米文化を崇拝し日本文化を軽蔑していることである。前項の他にも、「我が国の場合はこれだけの大戦争を起こしながら、我こそ戦争を起こしたという意識がこれまでのところ何処にも見当たらない」、「戦犯裁判において、土屋は青ざめ、古島は泣き、ゲーリングは哄笑する」、「維新直後に燃え上がった征韓論やその後の台湾派兵などは、幕末以来列強の重圧を絶えず身近に感じていた日本が、統一国家形勢を機にいち早く西欧帝国主義のささやかな模倣を試みようとした」、などである。

よくこれほど悪口が言えたものだと思うが、その動機は明らかでない。

(3) 新憲法　人権と戦争放棄

人権思想は明治維新のときに日本に輸入され、自由民権運動の拠り所になったが、政府が国体を憲法に明記して人権を排除した。今度はアメリカ占領軍に強要されてやむを得ず受け入れたが、戦後の日本人はそれを自己流に解釈している。弁護士の正木ひろしは冤罪や偽供述書の強制などを人権蹂躙と呼び、人権意識を次のように説明した。

「人権の意識は個体の生理ではなく、人類としてのヒューマニティから発する超個人的な生理に属するものであると、わたくしは常に信じているものである（一九五六年）。[24]」

超個人的な生理というと、食欲や性欲のようなものになるが、これは全くの誤解である。弁護士が権利を知らないとはおかしなことだ。

憲法九条はどう見てもユートピア思想で現実的でない。その理由は、九条がすべての人間は平和を愛するという一種の性善説に基づいているからだ。それが日本人の心に訴えたのかもしれないが、平和とは秩序ある国際社会のことである。しかるに、どんな秩序を考えているのか誰も口にしないのは、ただ戦争は嫌だということではないのか。

新憲法は全く日本文化に反するものであるのに、全体としては何事もなく日本に定着している。その理由はいろいろ考えられるが、単純化すれば、日本人は、「寄らば大樹の陰」というように、強者を信じ従うことを好む民族であるから、敗戦によって勝者であるアメリカの言うことを信じたのだと私は思う。

(4) 東京裁判　連合国の昭和史

東京裁判は戦争に勝った連合国が負けた日本を裁いたもので、昭和二十一（一九四六）年五月に始まり昭和二十三（一九四八）年十一月に判決を発表した。

戦争の当事者である連合国が勝手に裁判を始めたのだから、これはリンチ（私刑）であって、正当性は無い。また前に述べたように戦争犯罪というものは存在しないのだから、ガキ大将が弱い子をいじめるようなもので、不正な裁判であった。

ところが東京裁判史観なるものがあるということなので、小堀桂一郎の『さらば東京裁判史観』[25]を読んだ。それによると東京裁判史観とは次のようなものである。

(イ)　昭和三年に始まり昭和二十年八月に終わる期間に日本が従事した戦争は全て侵略戦争

であり、従ってパリ不戦条約に違反する犯罪である。昭和史はおおむね、殊に昭和六年以降は連年一貫してこの国家犯罪の積み重ねである。

(ロ)　この犯罪を計画し実行したのは一部の軍国主義者と超国家主義者たちであり、国民はそれに引きずられた。

(ハ)　しかしながら日本の近隣諸国にたいする加害の責任は、日本国民全体にかかってくるものとして永くわすれてはならない。

これは判決文の要点を書き留めたものと思う。

この判決をいち早く世界の審判として受け入れたのは横田喜三郎だという。彼は判決が出た翌日の『毎日新聞』に賛成意見を発表した。その中で横田は、東京裁判が日本の戦争の秘密を明るみに出し、日本の宣伝の虚偽を暴いたとした。東京裁判によって真実の日本史を知ったということだ。確かに戦争中は政府が何をやっているのかよくわからなかったが、そんなに早く連合国の主張を真実だとして受け入れるのは軽率ではないか。

先の丸山眞男の言説と横田喜三郎の態度を並べてみると、江戸時代の「かくれキリシタン」のように、戦時中は鳴りを潜めていた「欧米文化の信者」がいて、戦後は我が世の春とばかりに一斉に活動を開始し、知識人社会のリーダーになろうとしたと感じる。

五　戦後派の日本論

加藤典洋は日本の戦争を侵略戦争とした。

「日本における先の戦争、第二次大戦も、義のない戦争、侵略戦争だった。[26]」

これでは戦前の日本を盗賊国家と言っていることになる。我々の先祖を泥棒呼ばわりするにはそれだけの理由があると思うが、それについては何も言っていない。さてその泥棒が罪を悔いて更生するというのが加藤の描く戦後である。

「彼らは――つまり私たちは――天皇を先頭に、白人支配の世界秩序を打破するといった戦争の理念を撤回し、わが非を悔い改め、連合国主導の民主国家としての更生プログラムを受け入れている。わたしたちは、強制され、従い、考えを変えた。指導者たちの転向を先頭に、敗戦国民としての日本人が、やがて、自ら進んで集団的に転向したというのが、戦後日本の誕生劇だったのである。[27]」

戦争は犯罪ではないし、戦争に伴う残虐行為はお互い様であるから、日本が謝罪する必要は無い。日本は日本文化を拡大するために戦ったが、これは自国の文化に誇りをもつ国家として当たり前の発想で、アメリカはアメリカ文化を広めるために戦ってきたし、現在もそれを続けている。

加藤によると、日本の戦争理念は「白人支配の打破、東洋と西洋の融合、近代の超克」であるというが、それはどこから出てきた話かわからない。日本の戦争理念は八紘一宇即ち世界一家で、天皇が人類の父となることであった。

これに対して連合国の戦争理念は「個人の自由と基本的人権に基礎を置く欧米の近代理念」であり、連合国の理念は日本の理念より優れていると加藤は言う。つまり加藤は、欧米の人権文化が日本の家族文化より優れていると、価値観に優劣の差をつけており、それが更生物語の基本的仮説になっている。加藤がどんな基準によってこの優劣を判断したのかそれが問題だ。

坂本多加雄は、敗戦という悲運を経験した日本人が、自分たちがこんな罰を受けるのは戦前の日本が悪いことをしたからだという因果物語を組み立てた。

「もし、日本が不正な働きをしたことの罰として、このような経験をなめているのだと考えれば、少なくとも、この世は、ついには正しい正義が貫徹する場なのだと見なすことが可能になるわけである。すなわち、日本人は、いわば、世界の合理性についての信念に固執したいという願望の代償として、過去の日本の側の不条理を受け入れたのである。
かくして、戦後の日本においては、自国の過去を糾弾する一方で、国際社会というものが、国内の市民社会以上に、正義が貫徹する倫理的に高い次元にあるものだとする一般通念が抱かれることになった。[28]」

一般の日本人が世界の合理性という信念を持っているとは思えないから、この話は特殊な社会のことだと思う。また、国際社会が倫理的に日本より高い社会だというのは事実に反する。そのような通念があるとすれば、それは一部知識人社会の特殊な現象であろう。坂本の因果物語から感じるのは、現在の知識人社会は間違った前提から出発しているのではないかということだ。

坂本は加藤と同じように戦前の日本を悪者にしているが、それはどこから来たのか説明がない。二人とも東京裁判史観を信じているのだとすればわかりやすいがどうなのか。それが戦後の知識人社会の常識だとすれば、彼らは心から欧米人を信じていることになる。冷静に考えれば、東京裁判は欧米人がいかに身勝手かを示す一つの例に過ぎないことがわかる筈だ。

六　日本文化と西欧文化

(1) 生むと作る

『日本書紀』によると、伊弉諾尊と伊弉冉尊という夫婦神が日本列島を生んだ。初めに淡路島、次に大日本豊秋津島、次に四国、次に九州などである。それから海、川、山、木、草を生む。次に日の神天照大神を生み、月の神を生み、素戔嗚尊を生む。こんな具合で、次々に多くの神を生んだ。これが高天原の神々である。天照大神の孫のニニギノミコトが日向の高千穂峰に天降りし、その孫に当たる神武天皇が大和を征服し、大和朝廷の開祖となるのだから、大和朝廷は高天原の神々の子孫ということになる。

このように日本列島も山川草木も大和民族もすべて神々の子孫であり、人にも自然物にもそれぞれ霊が存在し、すべてが家族である。「生む」ということが日本の原理である。従って、日本人は宇宙を一つの生命体であると考えた。

これに対して、ユダヤ・キリスト教の『創世記』によると、神がすべてを作ったとなっているから、キリスト教世界では「作る」が原理である。

神は天地を作り、星を作り、植物と動物を作り、最後に神の姿に似せて人を作った。神は土で人の形を作り、その鼻に息を吹き込んだ。人間は神の息を吹き込まれた特別な存在であり、地上のものをすべて利用してよいのである。
スティーブン・ピンカーによると、アメリカでは今でも七六％の人が『創世記』を信じているという。[29]
人間は神に近い存在であるから、人間が作った自動機械（たとえば時計）は神の創造物に似ているだろうとヨーロッパ人は想像し、宇宙は一つの自動機械だと考えた。だから動物も人間も自動機械であるが、人間だけは神に吹き込まれた息によって魂を持つのである。

⑵ 家族と個人

日本では社会の単位は家族である。近代西欧文化では、社会の単位は個人になっているが、その起源はキリスト教にあると思う。聖書を見ると、神を愛せよ、隣人を愛せよ、と言っているが、家族を愛せよとは言っていない。むしろ家族は敵だと言っている。

「わたしが来たのは地に平和をもたらすためとあなた方は思うな。わたしが来たのは平和ではなく剣をもたらすためである。わたしが来たのは、人を父から、娘を母から、嫁を姑から離すためである。人の敵はおのが家人である。父や母を私以上に愛するものは私にふさわしくない。[30]」
（マタイ福音書）

「一人の弟子が彼に言った。主よ、おゆるしください、まずわが父を葬りに行くことを。イエスは彼に言われる。わたしに従いなさい。死人に自分たちの死人を葬らせておきなさい。」[30]

（マタイ福音書）

このように家族を分裂させた理由は、祖霊信仰など伝統的宗教を破壊するためだったと思う。

⑶ 情と法

集団の秩序の原理は、日本では情であり、ヨーロッパでは法である。情は集団を家族とみなすもので、法は集団を機械的組織として動かすものである。

情とは心であり、心は顔の表情や手足の動きによって伝わると日本人は考える。以心伝心、不言実行など、日本人は自分の意志を言葉よりも心で伝えようとする。だから日本の言葉は曖昧であり、心を察してくれということになる。男はあまりしゃべってはいけない、口数の多いのはよくないと言われた。

判断も意志決定も心で行われるが、心に残っている自分の経験が真実であると思って、判断し意志をきめる。すべて心の中で処理されるから、判断は主観的であり、客観性がない。永野元法相の発言（一七三頁）はこれだと思う。

最近の例として靖国神社参拝問題を取り上げよう。一九三八年四月から一九四五年一月まで、靖国神社宮司の職にあった陸軍大将鈴木孝雄は、祀られているのは神であることを強調している。

「この招魂場におけるところのお祭りは、人霊をそこにお招きする。このときは人の霊でありまます。一旦ここで合祀の奉告祭を行います。そうして正殿にお祀りになると、そこで始めて神霊になるのであります。之をよく考えておきませんと、というと、ことに遺族の方は、そのことを考えませんと、いつまでも自分の息子という考えがあってはいけない。自分の息子じゃない、神様だというような考えをもっていただかなければならぬのですが、人霊も神霊もあまり区別しないというような考え方が、いろいろの精神方面に間違った現れ方をしてくるのではないかと思うのです。[31]」

靖国神社に祀られた戦死者は、国を守護する神なのだから、親子の関係は切れているのだと鈴木は強調している。靖国神社に参拝する政治家は、戦没者の慰霊のためにお参りするのは当然だと言っているが、ここは慰霊の場所ではない。聖戦の殉教者を神として賛美するところである。だから政治家の参拝は各国から注目される。国によって見方は違うと思うが、まだ国体を信じているのか、八紘一宇にはうんざりだ、また戦争するつもりかなどいろいろあるだろう。政治家には日本を守る役目があるのだから、自分の心を見るだけでなく、世界の人々には自分の行動がどのように見えるか想像力を働かせてもらいたいものだ。

情は主観的だが、法は客観性をもつ。法を決めるにも、法の善悪を判断するにも、多くの人が納得しなければならない。従って誰にでもわかるような論理的な議論が必要である。ヨーロッパ人は論理を好み、議論が好きだ。日本人は理屈を嫌うから議論できない。心は通じると信じているから、議論する必要はないと思っている。

法と権利は同じ事の表と裏のようなものだと川島武宜は言っている。

「ヨーロッパの用語の伝統では、法と権利は同一のことばで表現されてきた。すなわち、法と権利とは、同一の社会現象をそれぞれ別の側面から観念したものにすぎない。[32]」

たとえば、土地の所有権とは何か、考えてみよう。私が宅地を買ったとすると、その宅地は私の物であることが法によって認められる。そうすると私以外の人が私の土地に入ってきたとき、その人に出て行ってくれと言う権利がある。しかし他の人を排除しなければならないというのではない。排除するかしないかは私の自由である。また、宅地であればそこに家を建てる権利がある。しかし建てなくてもよい。家を建てるか建てないかは私の自由である。このように権利とは法に伴う特定の自由である。他人の土地には入ることもできないし、家を建てることもできない。所有権がないということは、その土地で遊んだり、家を建てたりする自由がないということだ。

権利がそのようなものだとすると、基本的人権の核心である自由権の意味がわかる。自由が権利であるということは、何をしても法に触れないということである。何をしても罪に問われないということだが、実際問題としてそれでは困るので、国家が法を制定して自由を制限している。人権社会では国が定めた法に触れなければ何をしてもいいのだ。

(4) 道徳と無道徳

道徳の基本は、孔子が言っているように、己に克つということである。己に克つとは、社会秩序を優先して、自分の欲望を抑えることである。道徳の基本は克己であり、禁欲である。

一方、人権は欲望の解放である。生命権とは生きたいという欲望を権利と言い換えたものであり、自由権とはなんでもしたいという欲望を権利と言い換えたもの、幸福追求権とは幸福になりたいという欲望を権利と言い換えたものである。従って人権思想は人間の欲望を限りなく認めたもので、無道徳主義である。我慢するなということだ。

戦争中の日本は、「欲しがりません勝つまでは」を標語としたように禁欲社会であった。それに、生活物資が欠乏してくると、食欲も満足に満たすことができなくなり、息苦しい社会になった。

ところが戦後は何でも欲しがっていいことになり、必要でないものまで買うという消費社会になった。これは人類が初めて経験する豊かな社会であったから、日本人に限らず、あらゆる民族の欲望を刺激して今日に至っている。

今のところ無道徳主義が道徳主義を圧倒したかに見えるが、これが続くのも時間の問題である。既に指摘されているように、地球は土地も資源も有限であるが、人口は増える一方だから、人類の欲望を限りなく満足させることはできない相談である。だから欲望解放の世界はやがて行き詰まることになるだろう。私たちは曲がり角に立っていることを自覚しなければならない。

文献

1　ガバン・マコーマック著　松居弘道・松村博訳『空虚な楽園』　みすず書房　一九九八
2　田原嗣郎編『山鹿素行』　中央公論社　一九八三
3　石川淳編『本居宣長』　中央公論社　一九八四
4　橋川文三編『藤田東湖／会沢正志斎／藤田幽谷』　中央公論社　一九八四
5　松本健一著『近代アジア精神史の試み』　岩波現代文庫　二〇〇八

6 松本三之介編『吉田松陰』 中央公論社 一九八四
7 井上清著『日本の歴史20 明治維新』 中公文庫 一九七四
8 江村栄一著『明治の憲法』 岩波ブックレット 一九九二
9 隅谷三喜男編『徳富蘇峰／山路愛山』 中央公論社 一九八四
10 伊藤博文著 宮沢俊義校註『憲法義解』 岩波文庫 一九四〇
11 陸奥宗光著『蹇蹇録』 岩波文庫 一九三三
12 隅谷三喜男著『日本の歴史22 大日本帝国の試煉』 中公文庫 一九七四
13 橋川文三著『昭和維新試論』 朝日選書 一九九三
14 大江志乃夫著『昭和の歴史3 天皇の軍隊』 小学館 一九九四
15 山室信一著『キメラ』 中公新書 一九九三
16 石原莞爾著『最終戦争論』 中公文庫 二〇〇一
17 伊藤隆著『近衛新体制』 中公新書 一九八三
18 高橋正衛著『昭和の軍閥』 中公新書 一九六九
19 高橋正衛著『二・二六事件』 中公新書 一九九四
20 藤原彰著『昭和の歴史5 日中全面戦争』 小学館 一九九四
21 岡義武著『近衛文麿』 岩波新書評伝選 一九九四
22 半藤一利著『昭和史 戦後編』 平凡社ライブラリー 二〇〇九

23　丸山眞男著「超国家主義の論理と心理」『「世界」主要論文選』　岩波書店　一九九五
24　武田清子編『戦後日本思想大系2　人権の思想』　筑摩書房　一九七〇
25　小堀桂一郎著『さらば東京裁判史観』　PHP文庫　二〇〇一
26　加藤典洋著『敗戦後論』　ちくま文庫　二〇〇五
27　加藤典洋著『戦後的思考』　講談社　一九九九
28　坂本多加雄著『天皇論　象徴天皇制度と日本の来歴』　文春学藝ライブラリー　二〇一四
29　スティーブン・ピンカー著　山下篤子訳『人間の本性を考える　上』　NHKブックス　二〇〇四
30　前田護郎編『聖書』　中央公論社　一九七八
31　大江志乃夫著『靖国神社』　岩波新書　一九八四
32　川島武宜著『日本人の法意識』　岩波新書　一九六七

終章　日本が生き残るために

現在のグローバリゼーションと呼ばれている現象は、地球規模の文化闘争が始まったことを示すものと私は考えている。十数万年前にアフリカで誕生した現人類は、地球上に散らばって、それぞれの文化を発展させてきた。それが今、人口の増大と科学・技術の進歩によって人・物の交流が盛んになり、地球が狭くなってきた。こうなるとあたかも一つの舞台の上で進化劇を演じているような感じになっている。俳優の数が多すぎて争っているが、その争いが文化闘争という形をとるのは、文化がそれぞれの民族の拠り所だからである。

そういうわけで、戦後日本の文化がどのように変わったかを知ることがこの本の主題であった。大雑把に言うと、戦前は和魂洋才という言葉が示すように、大和魂を持ったまま西洋の学問・技術を取り入れようとしていたのが、戦後は洋魂洋才（欧米文化の信者）が増えてきたという感じである。そのため異なった信念を持つ人が混在し、全体としてまとまりがなく、混乱している。

和魂とは家族愛及び日本人と日本の自然に対する愛情（同情や共感）であり、そこから日本文化が生まれたのだが、戦後派は自信を失い、その結果、欧米文化の正体を見極めることなく何でも受け入れてしまったのだと思う。

戦後の民主政治は戦前の天皇専制政治よりはましな制度だと私は思った。戦前は国体信仰によって思想や言論が制限されていたが、民主制になると誰でも自由に政治に注文をつけることができると思ったからだ。民主政治は権力による政治ではなく、言論による政治だから、みんなが納得する政治が行われると勘違いしてしまったのだ。

ところが現実には、自民党と官僚から成る行政集団の専制的な政治になった。ただし、政治家は選挙によって選ばれることになっているから、世論を無視することはできない。世論に従うという姿勢をとりながら彼らの利益を追求した結果、膨大な財政赤字を作った。この赤字は郵便貯金や銀行預金などによって埋められているわけだから、国民の財産が知らない間に勝手に使われていることになる。しかしこれだけの赤字を作ったことについて行政が責任を感じている様子は無い。相変わらず赤字国債は増えつづけているから、遠からず日本の財政は破綻するにちがいない。

民主主義というものは責任の所在がわかりにくい。理屈としては政治家を選んだ有権者の責任になるから、破産したときは国民が責任を取らされることになるだろう。欧米諸国は法によって財政赤字に歯止めをかけているようだが、日本にそれがないということは、日本人に正義感が無いからだと思う。

赤字を増やさないためには増税と緊縮財政しかないが、世論調査を見ているといまだに経済成長に最も人気があり、財政再建を望む人は少ない。現在、生活必需品はほぼ行き渡っているから、ＧＤＰを増やすとすれば、不必要な仕事を作ることになるだろう。ＧＤＰ主義は今の日本にとっては有害だと思うが、既得権益を主張する人たちの要求に圧されてやめられないのだとすれば、それは人権デモクラシーの大きな欠陥である。

ＧＤＰを増やすため、政府は主婦を労働市場に引っ張り出そうとしているが、これも日本にとっては有害な政策である。出産と子育てという女性にとって最も大切な仕事を他人任せにすると、心身ともに健康な子孫を残すことを困難にし、日本文化を衰退させるからだ。子供は産めばよいというものではないことは澤口俊之が言っている通りだ。[1] 子供を産み育てることは女性だけが持つ能力だから、女子学生は学校を卒業するまでに、結婚と賃金労働とのどちらに価値を置くか、よく考えておいてもらいたいものだ。

政府は家庭の主婦を優遇し、日本文化が持続的に発展するような政策を採るべきである。現在の政策はＧＤＰを増やすために出産・育児を軽視しているが、これは日本文化に反する。出産・育児を優先し、子育てが終わってからでもその気があれば社会的な仕事ができるような教育体制をとりたい。

女性の意識変化に関して、日本の知識人に欧米崇拝者が多いことは問題である。戦時中の「かくれ欧米信者」については前に述べたが、志賀直哉もそうだった。戦後間もない一九四六年四月、志賀直哉は、「日本語を廃止して、世界中で一番いい、美しいフランス語の採用を提案した[2]」というが、とんでもない話だ。日本人は日本語で考えるから日本人なのだ。白樺派の活動は大正時代だから、その頃から欧米信者が生まれてきたのかもしれない。彼ら欧米信者の教育を受けた戦後世代がどうなったかについては、我々の祖先を悪者に仕立てている例を前に見た。他の例としては、マルクス主義フェミニズムの上野千鶴子やジェンダー論の大沢真理も洋魂洋才の仲間だ。

戦前は富国強兵だったが、戦後は幸福のための富国となった。しかしその幸福なるものがカネで買える快楽だったので、とても幸福と言えるものではなかった。幸福の総和を大きくすると称して、政府はＧＤＰ至上主義をとっているので、カネがないと何もできない世の中になり、国民は貨幣一元主義即ちあらゆるものの価値をカネで測るようになってしまった。高い価値のあるものは高価な商品となり、人々に快楽を与えるダンスやスポーツもカネに換算され、人間の価値もカネで測られるようになった。人のからだも物と同じ商品となり、物質主義は人の肉体も含むことになる。肉体は機械と同じであり、機械が故障すると部品を取り替えるような感覚で臓器移植が行われる。物質主義が広がった結果、愛や人情、あるいは道徳などは価値のないものとなった。
マッカーサーが指令した戦争放棄によって、日本人は天下晴れて戦争は嫌だと言えると感じた。冷戦時代の知識人の主張は中立主義で、戦争に巻き込まれたくないという感情を正直に表したものだったが、戦後派が成長すると変わってきた。『敗戦後論』[3]によると、湾岸戦争のとき、若い文学者は次のような声明を発表した。

「戦後日本の憲法には、『戦争の放棄』という項目がある。それは、他国からの強制ではなく、自発的な選択として保持されてきた。それは第二次世界大戦を『最終戦争』として闘った日本人の反省、とりわけアジア諸国に対する加害への反省に基づいている。のみならず、この項目には、二つの世界大戦を経た西洋人自身の祈念が書き込まれているとわれわれは信じる。世界史の大きな転換期を迎えた今、われわれは現行憲法の理念こそが最も普遍的、かつラディカルであると信じる。われわれは、直接的であれ間接的であれ、日本が戦争に加担することを望まない。われわれは、『戦争放棄』の上で日本があらゆる国際的貢献をなすべきであると考える。[3]」

現行憲法の理念が最も普遍的でラディカルだということは、彼らのマッカーサーに対する信仰を表している。そして、その信仰の上に立って戦争を放棄するということは、マッカーサーが戦争するなと言っているから、戦争しませんと言っているのと同じことだ。こんなことでは日本は滅亡するのではないか、心配だ。

最初に言ったように、これからはどんな紛争に巻き込まれるかわからないから、絶対に戦争しないと言うことはできない。ただし、先に手を出した方が負けだから、真珠湾攻撃のような武士好みの奇襲戦法はよろしくない。あくまでルールを尊重することだ。

日本再生のためには、人権デモクラシーを廃棄し、正義に基づく民主主義に切り替えなければならない。正義とは、人と人との関係は本来対等であるべきだと考えて、そのバランスを崩さないように行動することを言う。この正義感覚を身に付けることができたら、自分の行動に対する他人の評価がわかるようになり、現在の自己中心的な物の見方から客観性のある見方に転換できる。そうすれば、謝りさえすれば何でも許されるという考え方は無くなり、また法と権利の関係もわかるようになるだろう。

財政再建のためには、地方分権をすすめ、中央省庁の仕事を減らす必要がある。具体的には、人事院を廃止して、公務員も民間の勤労者と同じ扱いにし、公務員と民間人の交流を促進すること、科学と文化に口を出さないこと、義務教育の内容や、農業と水産業は各都道府県にまかせることである。

内閣と国会を分離し、国会を衆議院のみとし、衆議院議員は都道府県から選ばれたそれぞれ五名の代表者をもって構成する。内閣は公選された首相が組織するものとし、国会ではなく、国民に対して責任を持つ。国会は内閣の行う政治全般の監視役とする。

現在の地方行政は、首長と議会の両方が住民から統治権を委託されたことになっていると思う。そうだとすると、住民は首長を二人選んだことになり、矛盾している。もし首長にも議会にも統治権が無いとしたら、住民の選挙の意味がわからなくなる。早急に改善する必要がある。

巨大な財政赤字の存在は、政治家と官僚が国民を対等な相手と見ていないことを示している。従って彼らに正義は無い。また財政再建を要求する人が少ないということから、多くの国民にも正義感が無いことがわかる。そこで今の政治体制を、私の提案を一つのたたき台として議論し、より正しい民主政治に近づけていく努力をすれば、日本人にも正義というものが分かってもらえるのではないか。それが日本文化に反映するならば、日本はもっと統一された良い国になり、国際的にも理解されるようになるだろう。愛を育む家庭を増やし、社会道徳としては正義感を涵養すること、これらを日本が生き残るための重要な条件と考えている。

文献

1　澤口俊之著『幼児教育と脳』　文春新書　一九九九
2　南博著『日本人論　明治から今日まで』　岩波現代文庫　二〇〇六
3　加藤典洋著『敗戦後論』　ちくま文庫　二〇〇五

最後になりましたが、原稿の修正に協力していただいた池田光佑さんに厚く御礼申し上げます。

二〇一四年十月

佐藤　久直（さとう　ひさなお）

1925年生まれ
1947年　名古屋大学理学部物理学科卒
1960年　理学博士
1985年　松下電器産業定年退職

著書
『半導体物理の基礎』（共著）（オーム社）
『歴史に見る日本人の信仰』（近代文藝社）
『西欧思想とアメリカの行動原理』（東京図書出版会）
『道徳主義と人権主義』（東京図書出版会）
『独立心の追求』（東京図書出版会）
『神秘の森をさまよう日本の思想』（東京図書出版）
『言葉の文化と文字の文化 ― 主観的感情表現と客観的事実認識 ―』（東京図書出版）

戦後日本の文化闘争

2015年3月13日　初版発行

著　者　佐藤久直
発行者　中田典昭
発行所　東京図書出版
発売元　株式会社 リフレ出版
〒113-0021　東京都文京区本駒込 3-10-4
電話 (03)3823-9171　FAX 0120-41-8080
印　刷　株式会社 ブレイン

ISBN978-4-86223-832-0 C0030
Printed in Japan 2015
落丁・乱丁はお取替えいたします。

ご意見、ご感想をお寄せ下さい。
［宛先］〒113-0021　東京都文京区本駒込 3-10-4
東京図書出版